中公新書 2722

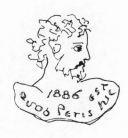

秦 正樹著

陰謀論

民主主義を揺るがすメカニズム

中央公論新社刊

まえがき

２０２１年１月６日、民主主義を象徴する「あの」アメリカで起きた連邦議会襲撃は、世界中の人々が目を疑うような事件であった。２０２０年アメリカ大統領選挙において「選挙不正」を訴えるトランプ前大統領に共鳴した支持者たちが、バイデン大統領の就任を阻止せんと連邦議会を襲撃、死者を出すほどの暴力的な事態にまで発展したのである。何よりも、この事件が世界中を震撼させた理由は、すでに多くのメディアが報じているように、事件の首謀者たちが「Qアノン（QAnon）」と呼ばれる陰謀論を妄信していた点にある。

「Qアノン」は、２０１８年ごろから（主にアメリカ国内における）インターネット上で広まった陰謀論の総称である。Qアノンにはさまざまな陰謀論が含まれるが、それらの陰謀論の最大の特徴は、「ディープステート（deep state）」と呼ばれる闇の秘密結社の暗躍がすべての「元凶」であると指摘する点にある。ディープステートを構成するメンバーは、バラク・オバマ元大統領やヒラリー・クリントン、あるいは熱心な民主党支持者として有名な歌手のテイラー・スウィフトなど、いわゆるアメリカ内のリベラル系有名人だとされ、さらに、ディープステートのメンバーは悪魔崇拝者や小児性愛者であり、「裏では」国際的な幼児等の人身売買に深く関わっているという主張も拡散された。[1]

これらはQアノン陰謀論のごく一部の主張であるが、実に荒唐無稽でバカバカしいと考える人のほうが多いだろう。ところが、驚くべきことに、少なくないアメリカ人がこうした陰謀論を支持し、さらに議会襲撃まで引き起こしたのだから、「ただの陰謀論を真面目に考えるなんてバカバカしい」と笑って片づけるわけにもいかない。

なぜ、多くの人がこうした荒唐無稽とも思える陰謀論を信じるのだろうか。この古くて新しい謎を解く前に、まずは、陰謀論の持つ厄介な性質を確認しておきたい。世の中にはさまざまな陰謀論的な言説があるが、概して、「一般人は決して触れることのない秘密の集団の企みによって政治／社会的決定がなされている」と考える点で共通している（詳しくは第1章を参照）。陰謀論を信じる人たちにとって、テレビや大手新聞などで報じられる情報は、一部の利益享受者のために「それっぽく」こじつけられたものに過ぎない。それに対して、陰謀論は、一般の人々は決して確認することができないところに「根本的な原因」を見出す傾向がある。

このように、陰謀論を信じる人たちは、ある現象の根本的な原因は社会的に隠されていると考えるため、いくらジャーナリストの取材や科学的な検証にもとづいて反論したところでさほど意味をなさない。結局のところ、陰謀論を陰謀論たらしめているのは、客観的なロジックや事実ではなく、個人ないし同じ考えを持つ者同士の主観的な認識であって、あるテレビ番組の言葉を借りれば、「信じるか信じないかはあなた次第」ということになる。

もっとも、厄介な性質を有する陰謀論であっても、それが同質的な意見を持つコミュニティの中で「管理」されている限り、大した問題にはならないことのほうが多い。実際に、これまでも数多くの陰謀論が見られたが、それらは、あくまでごく一部のコミュニティで自己消費的に用いられてきた。しかし、陰謀論が一部のコミュニティから外に出て、特定の（政治的）目的にもとづいて戦略的に用いられる場合、大きな社会問題となりうる。無論、陰謀論が多くの人の目に触れるようになったとしても、「そんなのは単なる怪しい話に過ぎない」と考える人が大半だろう。しかし同時に、それを事実であると受け入れてしまう人が増え続ければ、人々のコミュニケーションの連鎖の中で、多くの人に受け入れられやすい内容に陰謀論自体が変化し、何らかのきっかけで社会に爆発的に蔓延する可能性も十分考えられる。

こうした陰謀論の性質を考えれば、Qアノン陰謀論が議会襲撃事件を引き起こすほどに影響力を持つようになったのも単なる偶然ではなく、一定のメカニズムがあるとわかる。実際、Qアノン陰謀論も2018年ごろには、ごく一部のトランピアン（強固なトランプ支持者）の「内輪話」だったはずが、中間選挙〜大統領選をきっかけにして、たった1、2年のうちに全米中のトランプ支持者にまで伝播したのである。[2] Qアノン陰謀論が、攻撃するリベラル系政治家や著名人を「闇の勢力」とひとまとめにするのも、もっぱら多くのトランプ支持を獲得するために単純化した言説であり、リベラルへの思想的対抗という意味はほとんど持っていない。

幸い、日本では今のところ、政治的な暴力事件に発展するほどに陰謀論が問題化しているわけではない。少なくとも、この種の「ザ・陰謀論」を展開する友人・知人がいたら、多くの人は「頭を冷やせ」と諌《いさ》めるか無視するかであって、それに同調する人は少ないだろう。「普通」に生活を送る中で得られる種々の情報について、「誰かに操作されているかもしれない」などと警戒感を持つ日本人はごく少数だろう。

しかし、だからといって、日本の社会が陰謀論とまったく無縁だと言うわけではない。たとえば、以前はごく一部の人々のあいだでしか話題にならなかった在日コリアンや一部リベラル系政治家に関する陰謀論が、「真実はネット上にしかない」といった触れ込みとともにソーシャルメディアやまとめサイトなどを通じて急速に広まっている。[3] インターネット上で排外主義的な発言を繰り返す、いわゆる「ネット右翼」と呼ばれる人々による言説が典型的である（第3章）。また、右派的陰謀論に比べて取り上げられる機会は少ないものの、左派やリベラル派の人々においても、原発問題や日本会議などに関する陰謀論が広がった例が見られる[4]（第4章）。その上、この種の陰謀論を堂々と拡散したり、自身の主張に引用したりする政治家まで存在する。[5]

このように、日本でも、いつ爆発的に広がっても不思議ではない「火種」となる陰謀論が数多く見られる。アメリカの様子からもわかるように、陰謀論は、どこからともなく現れては多くの人々に受容されやすいように変化しながら、インターネット空間を含む水面下でゆっくりと、しかし着実に人々の心の中に入り込んでいく。そして、散発的に広まる陰謀論を統合する政治家――トランプとQアノンの関係のような――が現れる可能性を考えたとき、アメリカの事件は日本にとっても決して「対岸の火事」とは言えないだろう。だからこそ、日本における陰謀論受容の現状を科学的に検証し、理解しておく必要があると言える。

本書では、日本人の「心の中」で陰謀論がどのように受容されているのか、その実態とメカニズムをより厳密に解明するために、多くの章でサーベイ実験と呼ばれるやや特殊な方法を用いている。どのような人が、どの程度、心の中で陰謀論を信じているのか――これを実証的・科学的に検証することは、極めて難解な作業を伴う。たとえば、アンケート調査で「日本社会の中枢は、外国人に牛耳られていると思いますか？」と尋ねたところで、素直に「そう思う」と回答する人はそう多くないだろう。すなわち、陰謀論の受容を分析するためには、表層的な意見ではなく「腹の中」まで丁寧に観察する必要がある。

とりわけ、有権者の政治的な行動を分析対象とする政治心理学や政治意識論の分野では、アンケート調査を利用して人々の「本当の」意識や態度をどのように観察（測定）するかについて長年、腐心してきた。もちろん、単純な質問を通じて世論の意見分布がわかるという類のものもある。しかし、世論調査で測定される意識や態度の一部には、社会的に望ましい（と多数にみなされる）方向に答えてしまうという「社会的望ましさバイアス」が働いてしまうことも知られている。[6,7] 有権者の心理を明らかにする上で、社会的望ましさバイアスは「本当の意見」の分布を理解することを妨げてしまうのである。

すなわち、「本音」の意識を明らかにするためには、通常のアンケート調査では不十分であり、より発展的で高度な分析方法を用いる必要がある。その分析方法のひとつがサーベイ実験なのである。ただし、こうした方法は先端的であるがゆえに、本来であれば、難解な分析手続きなどを詳しく記す必要がある。しかし本書では、一般書としてのわかりやすさを重視して、方法や手続きなどの説明を大幅に割愛する。サーベイ実験に関する詳細が知りたい読者は、政治学者の宋財泫《ソンジェヒョン》と筆者による共著論文「オンライン・サーベイ実験の方法――理論編」なども併せてお読みいただきたい。[8] 巻末の「注記一覧」に記載したURLから、自由にダウンロードできる。

本書の知見が日本の民主主義の強靭性や脆弱性を考える一助になれば幸いである。

目次

図表作成・DTP　ヤマダデザイン室

第1章

「陰謀論」の定義

——検証可能性の視点から

1 陰謀論とフェイクニュースの分水嶺

世界中に広がる陰謀論

２０１０年代以降、「陰謀論」が世界各国の政治・社会を大きな混乱に陥れる時代となった。イギリスのブレグジット（Brexit）をめぐる住民投票、アメリカにおけるトランプ大統領の誕生、新型コロナウイルス感染症のパンデミック、さらにはロシアによるウクライナ侵攻など、政治的・社会的に大きな変動が起きるたびに、荒唐無稽な陰謀論もまた数多く生まれ、社会を混乱の渦に巻き込んでいる。

たとえば、アメリカでは、新型コロナウイルスに対するワクチン接種がはじまってすぐより、「コロナワクチンには、実はマイクロチップが埋められている」とか「コロナワクチンを接種したら、磁石が体にくっつくようになった」などといった陰謀論が、フェイスブック（Facebook）やティックトック（TikTok）などのソーシャルメディアを通じて急速に広まった。[1]

こうした陰謀論に対しては、たとえば、アメリカの感染症対策を司る組織のひとつである米国疾病対策センター（ＣＤＣ）が、「ワクチンに磁気を帯びた成分は一切含まれていない」

と表明したり[2]、あるいはワクチン管理を管轄する米食品医薬品局（ＦＤＡ）が、ワクチン成分を公開してマイクロチップを埋め込む余地などないことがわかるよう公表したりする[3]など、国家レベルでの対応に追われる事態となっている。

一般的に言って、多くの人々は、仮にこのような陰謀論を見聞きしても、あまりにバカバカしい話だと一蹴することだろう。しかしながら、こうした「常識」が必ずしもすべての人に共有されていないことを示す調査結果もある。２０２０年5月20〜21日にかけて、Yahoo! News の依頼を受けた大手調査会社 YouGov がアメリカの成人１６４０人を対象に実施した世論調査では、マイクロソフトの創業者で、大富豪のひとりでもあるビル・ゲイツが、「ＣＯＶＩＤ－19対策として進められているワクチンにマイクロチップを埋め込んで、人々の行動を捕捉しようとしている」というアメリカの一部で広まっている陰謀論（以下では、この説を「マイクロチップ陰謀論」と呼ぶ）を信じるかについて尋ねたところ、共和党員の44％もの人が「その説は正しい」と回答しているのである[4]。

このように、決して無視できない数のアメリカ人が「新型コロナのワクチンにはマイクロチップが埋められている可能性がある」と考えているという調査結果は、多くの人々がイメージする「常識」が本当に共有されているのかを疑ってしまう結果であろう。

「陰謀論」の定義

陰謀論の多くは荒唐無稽な言説ではあるものの、しかし、それを信じる人もまた後を絶たない。では、そもそも「陰謀論」とはどのように定義することができるのだろうか。具体的な議論を始める前に、まずは、「陰謀論」とは何を指しているのかについて確認しておきたい。

デジタル大辞泉によれば、陰謀論とは「ある事件や出来事について、事実や一般に認められている説とは別に、策謀や謀略によるものであると解釈する考え方」とされる。一般的な陰謀論の定義としてはこれで十分のようにも思われるが、より厳密に分析するために、学術的にはさらに細かく定義されている。

まずは、陰謀論を形づくる「陰謀」(conspiracy)から考えよう。先行研究によれば、「陰謀」とは「(政治的・社会的・経済的に)強い力を持つ2人以上のアクターによる秘密の企み」(secret plot by two or more powerful actors)とされる。[5] ここでの「アクター」とは、必ずしも個人に限るわけではなく、特定の組織・団体なども含んでいる。通常、どのようなパワー(権力)を持った個人であったとしても、すべての「企み」をたったひとりで達成することはできない。それゆえに、陰謀が指す主体が仮に個人を指す固有名詞であったとしても、実質的に「関連する組織」を意味していると捉えられる。たとえば、前述のマイクロチップ陰謀論では、その主体をビル・ゲイツとしているが、実際には、彼の協力者や関係者、あるいは所属する団体——ビル・ゲイツ財団のような——を含んでいることは明白である。そして、本書を含む学術研究における文脈での「陰謀」とは、国・地域・国際社会といった極めて広い範囲に影響を与えるような場合を指している。たとえば、2人以上の集団がコンビニ強盗を企んでいたとしても、そもそも限られた狭い範囲にしか影響を与えない（または、大規模に社会を揺るがすような影響を与えようという意図がない）行為であり、ここでは「陰謀」と呼ばない。

もっとも、こうした「陰謀」は、それ単体では単なる意図や考えに過ぎない。つまり、ある陰謀は、それが意図通りに忠実に実行されて、その結果、何らかの政治的・社会的に重要な出来事や事実の帰結として具現化されることまでを含んで「陰謀論」(conspiracy theory)となる。もう少しフォーマルな言い方をすれば、陰謀論とは、「政治や社会において重大な事件・出来事が起きた究極的な原因を、強い影響力を持つ2人以上のアクターの秘密の企みで説明しようとする試み」ということになる。ただし、陰謀論の定義は画一的なものではなく、他にもさまざまなタイプのものがある。たとえば、政治学者のミハエル・バークンは、「陰謀論は、偶然に起きることはない・見かけ通りのことはない・すべては意図されている」という特徴を持つ」(definition of conspiracy theory: nothing happens by accident; nothing is as it seems;

and everything is connected.）と定義している。[6] これらの議論もふまえ、差し当たって本書では、陰謀論を「重要な出来事の裏では、一般人には見えない力がうごめいている」と考える思考様式であると定義しておきたい。

また、以上の定義からもわかるように、陰謀論を考える上では「因果関係」が重要なキーとなる。マイクロチップ陰謀論の例では、「多くの人がワクチンを接種している」という（社会的に重要な）帰結＝結果はすでに事実としてあり、その原因をどう考えるかが、陰謀論かそうでないかの分水嶺となる。一般的に言えば、「多くの人がワクチンを接種している」のは、「新型コロナウイルス感染症の発症および重症化を予防する」ためであって、それ以上でもそれ以下でもないだろう。しかし、マイクロチップ陰謀論を信じる人たちにとっての原因は、「ビル・ゲイツ（をとりまく集団）による、人々の行動把握のため」となる。もう少し突っ込んで言えば、陰謀論を信じる人たちにとって、「新型コロナウイルスの感染拡大を防止する」といった一般的な原因は、陰謀を企む強い力を持つ特定集団による「体の良い言い訳」に過ぎないとみなされることになる。

陰謀論とフェイクニュース

陰謀論は、ある重要な出来事の原因を、一般人には知り得ない強大な力に求める点にその

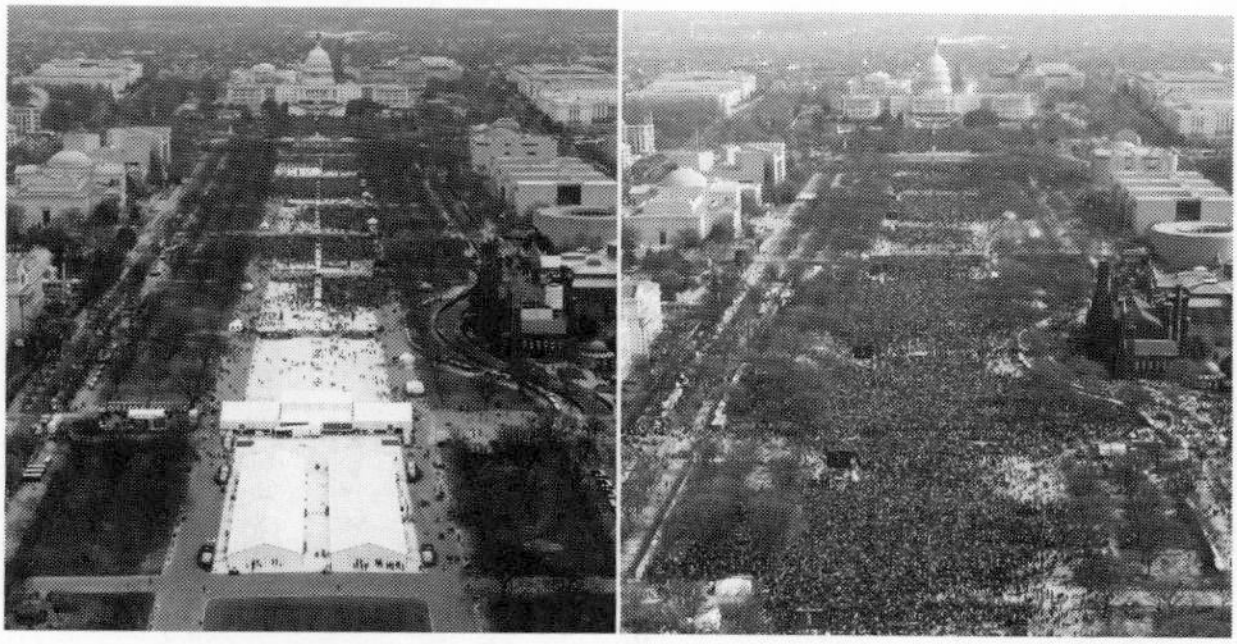

図 1-1
左：2017年トランプ就任式の様子　右：2009年オバマ就任式の様子（写真：ロイター／アフロ）

特徴がある。とはいえ、多くの人にとって、陰謀論は、近年で言うところのフェイクニュースやデマ、あるいは、ロシアによるウクライナへの侵攻で話題となった（政府による）プロパガンダなどと同じく、単なる「偽の情報」（misinformation）だとみなされているかもしれない。ただし、陰謀論には、単なる「偽の情報」として片づけられない性質があることもよく考える必要がある。

その情報が、単なるフェイクニュースなのか、それとも陰謀論なのかを弁別する決定的な違いは「検証可能性」にあると考えられる。たとえば、「フェイクニュースの代名詞」とも言われるようになった、アメリカ前大統領ドナルド・トランプ周辺の発言を事例に考えてみたい。2017年1月20日、トランプの大統領就任式が行われた後、トランプや大統領報道官（当時）のショーン・スパイサーは、「間違いなく建国史上最多の聴衆が参加した」と発表している。[7]しかしこの発表に対しては、多くのメディアから、事実と異なるとの指摘がなされた。その証拠として、前任のオバマの大統領就任式の空撮写真（2009年）と、トランプの大統領就任式の写真を見比べてみてほしい（図1－1）。ニューヨーク・タイムズ紙は、オバマのときの就任式参加者に比べて、トランプの就任式の参加者はおよそ3分の1程度であったと紹介している。[8]無論、これはあくまで推定値でしかないのだが、少なくともトランプ政権の主張が「オーバー」であることは当該写真を見比べれば誰の目にも明らかである。このように、「証拠」（写真や公開されていた議事録など）を見れば、ある主張の真偽を（ある程度）判別することができるタイプの言説は、陰謀論ではなく、「フェイクニュース」だと言えるだろう。

もっとも、フェイクニュースには、こうした話題のように明確かつすぐにははっきりしないような言説もある。たとえば、日本でも昨今話題になった「新型コロナワクチンによる不妊説」はその好例である。ワクチン不妊説の発端は、そもそもコロナワクチン自体に反対していたとされるファイザー社の元役員（Vice President）マイケル・イードンが、2020年末ごろ、欧州医薬品庁（EMA）に提出した嘆願書にあるとされている。この嘆願書の中には、「ワクチンは不妊を起こす危険性がある」との記述があり、それを拡大して取り上げた一部のネット記事が、ソーシャルメディアを通じて世界中に拡散され、多くの一般人の目に留まることとなった。このワクチン不妊説の根拠について、バズフィードジャパンの記事では、以下のように報じられている。[9]

「ワクチンはコロナのスパイクタンパク質に対する抗体を生成することが期待されているが、スパイクタンパク質は、『シンシチン・ホモログ・タンパク質』を含んでおり、ヒトなど哺乳動物の胎盤形成に必須であるため、無期限に不妊症を起こす危険性がある」

率直に言って、このような難解な専門用語が並べられ、「不妊症の危険がある」と結論づけられても、それを偽りの情報だと一般人が一目で見抜くことは難しいように思われる。また、だからこそ、専門家によるファクトチェックが必要であり、それがフェイクである理由を、一般人にもわかるような平易な言葉で説明する必要がある。実際に、多くの専門家や学会などが、こうした説は明確に誤りであると指摘している。[10]さらに、日本産婦人科感染症学会のウェブページには、ワクチン不妊説を否定するために、わかりやすいQ&Aまで用意している。[11]あるいは、専門家のみならず、当時ワクチン担当相であった河野太郎も、自身のブログで、ワクチンが不妊を引き起こすという科学的な根拠はなく、アメリカで行われた39

58人の妊婦を対象とした研究結果も引用しつつ、この説を明確に否定している。[12]

言うまでもないことだが、陰謀論であってもフェイクニュースであっても、人々や社会を混乱させる情報である点で共通している。とくに、ワクチン不妊説のように、我々の日常生活に関わる「リアル」なフェイクニュースであれば、なおさらである。ただし、フェイクニュースは、メディアや専門家による「事後的な検証」によって、その情報の精確さは（ある程度）示すことができる。それに対して、陰謀論は、専門家であれメディアであれ、それが陰謀なのかどうかを早期に検証して真偽を定かにすることが極めて難しい。その点が、フェイクニュースと陰謀論で大きく異なる点だと言える。

そうした違いは、陰謀論の定義でも示したように、限られたごく一部の人々のあいだでしか共有されない「秘密の企み」によって事象を説明するという、陰謀論の性質に由来する。つまり、ほとんどの場合、陰謀論が主張するような「秘密の企み」を持つ特定の人々にアクセスすることすらできない。あるいは仮に、ジャーナリストなどが、ある陰謀を主導しているとされる集団に取材することができたとしても、「秘密の企み」が真実であったと明かされることは決してないだろう。

トランプ前大統領の元顧問ケリーアン・コンウェイは、前述の大統領就任式に関する「フェイクニュース」について、客観的な事実とは異なる「もうひとつの事実」（alternative facts）なのだというレトリックで正当化したことが世界中に報じられた。[13]「もうひとつの事実」とは具体的に何を意味するのかを問われたコンウェイは、「（世にあふれる情報は）グラスの半分が（事実で）埋まっていても、半分は空っぽの状態のようなものだ」と説明し、「この追加の事実によって、これまでとは異なる代替的な情報（additional facts and alternative information）の全体像が見えてくる」のだと強弁した。これは極めて陰謀論的なレトリックであろう。多くのジャーナリストや団体はこうした説明や考え方を激しく非難しているが、そうした見方をする者が一定数存在する限り、（あくまで社会認識のレベルにおいてであるが）「もうひとつの事実」が真実かどうかを超えて影響力を持つ可能性は否定できない。

2　「陰謀論」を信じるということ

「陰謀論者」とは誰か

陰謀論を唱える人を「陰謀論者」（conspiracy theorist）と呼ぶことがある。とりわけ、政治的な問題に関する陰謀論者と言えば、相当に極端な政治的な志向性を持っていて、自分が陰謀論を主張していると自覚すらしていない変わった人という印象があるかもしれない。しかし、中には、陰謀論を陰謀論と理解して発信している人も存在する。たとえば、アレックス・ジョーンズは、2001年アメリカ同時多発テロ事件に関し、事前にアメリカ政府はそのことを知っていてあえて見逃したなどの説を唱える、アメリカを代表する有名な陰謀論者のひとりである。彼は、文字通り「陰謀論者」であると認知された上で、テレビやラジオ番組に出演したり、自身のウェブサイトを運営したりしている。[14] つまり、陰謀論者の中には、いわばビジネスとして、陰謀論を自らの主張として展開している者もいるのである。

また、陰謀論は、ソーシャルメディアをはじめとしたインターネットサイトを介して蔓延しているとも言われる。その真偽については第2章で議論するが、そうした背景としてしばしば指摘されるのが、経済的な動機にもとづく陰謀論サイトの運営である。もちろん、自身の信念にもとづいて陰謀論を発信しているサイト運営者(たち)も存在するが、同時に、アフィリエイトと呼ばれる広告収入を得ることを目的としている場合も少なくない。つまり、サイトにアクセスする人が多ければ多いほど、自身のサイトに設置した広告収入(アフィリエイト)の増加につながる。アクセス数が多いほど収入が増えるという収益構造のために、陰謀論サイトの運営者は、そこで伝える情報や内容を、より過激に、そしてより信じやすい形で提供するインセンティブが働く。NHKディレクターである佐野広記のレポートによれば、マケドニア共和国の地方都市ヴェレスは「フェイクニュース工場」の異名をとるとされ、

２００～３００人の若者が偽情報の記事を作り出してはフェイスブックのシェア機能を使って拡散し、多いときには月60万円ほどの広告収入を得る者もいることが報告されている[15]。これらの例は、「信念」ではなく純粋な「金銭目的」が、フェイクニュースと陰謀論の概念的な違いを超えて、広く「事実とは異なる情報」を発信する動機になりうることを示している。

ただしそう考えると、陰謀論サイトの情報を信じて陰謀論者になってしまったユーザー（二次的陰謀論者）は、サイト運営者の「カモ」になった被害者という側面もある。陰謀論のネットワークは、ある陰謀論者が陰謀論を吹聴して、それを信じてしまった人がさらに陰謀論者となって……という形で、クモの巣のように拡大を続ける。この点で言えば、陰謀論サイト運営者も二次的陰謀論者もその立場は等しく、二次的陰謀論が、今度はさらに三次的・四次的陰謀論を生み出すという形で、陰謀論の生産者側に回ることになる。こうしたネットワークの中で、もともとの陰謀論から尾ひれがついたり、より人々に受容されやすいように変化しながら、拡大再生産を繰り返していく。もっとも、このことは裏返せば、仮にどこかの場所で陰謀論が現れても、それを信じるユーザー（n次的な陰謀論者）が存在しなくなれば、陰謀論の拡散はそこでストップすることを意味している。

「陰謀論を信じる」という感覚

「陰謀論者」には、政治的動機を持つ場合だけでなく、経済的な動機を持つ者もいることを紹介した。これらは「陰謀論者」という側面では同様であるものの、「陰謀論を信じるかどうか」について考える上では、この2つの動機の違いは明確に弁別して考える必要がある。

経済的動機にもとづいて陰謀論を主張する者は、政治的動機によって陰謀論を主張する者よりも「悪質」なようにも思われるが、その個人（ないし集団）は、あくまで陰謀論と一定の距離を置いている場合も多いと考えられる。他方で、政治的な動機にもとづいて陰謀論を唱えている者は、思想信条が社会的・人間関係的な問題と結びついていることが多く、より深刻で、しかも解決が難しい。なぜなら、政治的な動機による陰謀論者は、それを「陰謀論」であるとは考えず、自らの信念や態度を形成する決定的な材料とみなす可能性が高いからである。実際に、陰謀論が社会的問題として議論される際の主な対象となるのは、後者と思われる。

そう考えると、上記を混同して、当の陰謀論を主張する人を十把一絡げに陰謀論を信じる人とみなす見方は、必ずしも正確ではない点で注意が必要である。一口に陰謀論者と言っても、その「陰謀論」をどれほど内面化しているかは動機によって異なる。

陰謀論を自らの考え方として心理的に内面化している度合いのことを、学術的には「陰謀論的信念」（conspiracy belief）と呼ぶ。[16] たとえば、2021年4月にCNNの委託を受けて実施された世論調査では、「バイデンは、合法的な得票で選挙に勝利したわけではない」という意見に同意する人が3割にのぼった。[17] この場合、アメリカ人の3割は、「バイデンは違法な方法で大統領になった」という陰謀論的信念を有していると解釈することができるだろう。

日本人の陰謀論的信念

本書では、以降の章で、個別具体的な陰謀論を取り上げて、日本人の「陰謀論的信念」が、どの程度／どのように形づくられているのかを検討していきたい。陰謀論に関する研究では、しばしば、ある陰謀論を信じている人は、まったく別の種類の陰謀論をも信じる傾向にあると指摘される。[18] つまり、ある陰謀論を信じるかどうかは、特定の陰謀論に対する同意や支持を超えて、その人が潜在的に有している「陰謀論的なモノの見方」の結果として生じるものだと考えられるのである。こうした抽象的な意味での「陰謀論的なモノの見方」、言い換えれば、陰謀論の定義で示したような「一部の力を持つ人々の秘密の企み」が実際の社会や政治の場面で本当に発生していると思う（信じる）ことができるかどうかは、「陰謀論的思考」（conspiracy thinking）ないし「陰謀論的マインドセット」（conspiracy mindset）といった概念で説明される。[19]

陰謀論的信念を可視化する

そこで、日本に住む人々のあいだでは、どのくらいの人がこの「陰謀論的思考」を有しているのかについて、筆者が実施したアンケート調査のデータを使って確認してみたい。ここで用いるデータは、2021年8月14日から17日にかけて、楽天インサイトのパネルモニター（全国の男女18歳以上）2001名を対象に行ったアンケート調査の結果である。なお、このアンケート調査の対象者は、性別・年代・地域を国勢調査に合わせる形で調整し、いわば日本の縮図となるように設定している。以後用いる調査や実験のデータも、特に断り書きがある場合を除き、同様の手順を踏んで実施したものであることをあらかじめ付記しておく。

さて、この調査では、国内外の先行研究において「陰謀論的思考」の概念を測定する際に用いられる尺度を使って、15の質問を行っている（このような手順を「操作化」と呼ぶ）。具体的な質問内容は、以下の通りである。

【質問文】

さまざまな重要な問題に関する「真実」すべてを国民一般が知らされているかどうかについて、しばしば論争になります。

以下に示すそれぞれの内容について、あなた自身は、どの程度正しいと信じられますか。あなたのお気持ちに最も近い選択肢を1つずつお選びください。

▼政府は、罪もない市民やよく知られた有名人の殺害に関与し、そのことを秘密にしている。(有名人)
▼国家権力は、世界を実際に支配している小規模で未知の集団が持つ権力にはかなわない。(未知集団)
▼秘密組織が地球外生命体とコンタクトをとっているが、その事実は大衆には伏せられている。(地球外)
▼ある種の病原体や病気の感染拡大は、ある組織による慎重かつ秘匿された活動の結果である。(病気感染)
▼科学者の集団が、大衆を欺くために証拠を操作、ねつ造・隠蔽している。(科学者)
▼小規模の秘密の集団が、戦争の開始といった世界の重要な意思決定に関わっている。(戦争)
▼未確認飛行物体の目撃情報やうわさの中には、実際の異星人との接触から注意を逸らすために計画的に作られたり、仕組まれたものがある。(UFO)

▼いくつかの重大な出来事は、秘密裏に世界を操っている小集団の活動の結果である。（秘密組織）
▼異星人からの接触の証拠は、一般市民には伏せられている。（異星人）
▼マインドコントロールを可能にする技術は、人知れず使われている。（MC）
▼現在の産業に不都合な先進技術は隠されている。（先進技術）
▼政府は、犯罪行為への関与を隠すために、一般人をカモにしている。（カモ）
▼新しい薬や技術の実験は、市民に知らされることなく、また同意を得ることなしに、日常的に私たちに対して行われている。（新薬実験）
▼多くの重要な情報は、私利私欲のために市民から慎重に隠蔽されている。（隠蔽）
▼日本政府は、日本に対するテロ行為を容認あるいは関与し、その関与を偽装している。（テロ）

《選択肢》（「答えたくない」は分析上、割愛している）
きっと正しい／たぶん正しい／たぶん正しくない／きっと正しくない／わからない

後出の図1－2は、以上15の質問それぞれの回答結果を示したものである。これを見ると、日本人の陰謀論的信念の様態に関するいくつかの特徴が浮かび上がる。無論、どの話題を取り上げるかで「正しい」と考える割合（率）は多少異なるが、全体的に見て、日本人でも、およそ20〜40％の人が、ここで取り上げた陰謀論的言説を、「正しい」もしくは「やや正しい」と回答していることがわかる。

もう少し個別に見てみよう。たとえば、コロナ禍においてはかなり身近な話題だと思われる「ある種の病原体や病気の感染拡大は、ある組織による慎重かつ秘匿された活動の結果である」（病気感染）という意見に対しては、「正しい」が約5％、「やや正しい」が約23％と、合計しておよそ3割程度の人々が信じているようである。あるいは、それに近い陰謀論として、「新しい薬や技術の実験は、市民に知らされることなく、また同意を得ることなしに、日常的に私たちに対して行われている」（新薬実験）でも、「正しい」が約5％、「やや正しい」が約20％、あわせて25％程度の人々が、一般人が秘密裏に（新薬を含む）新たな技術開発の実験台に利用されているかもしれないと考えている。

あるいは、より広くSF的に語られるような話題として、異星人の存在の証拠が隠されているかもしれないと考える人は、およそ27％にのぼる。加えて、いわゆる都市伝説でよく聞かれる「秘密結社」のような、国家権力を超越する隠された秘匿組織の存在（未知集団）を認め、そうした闇の組織が社会に重大な影響を持っている（秘密組織）と考える人はそれぞ

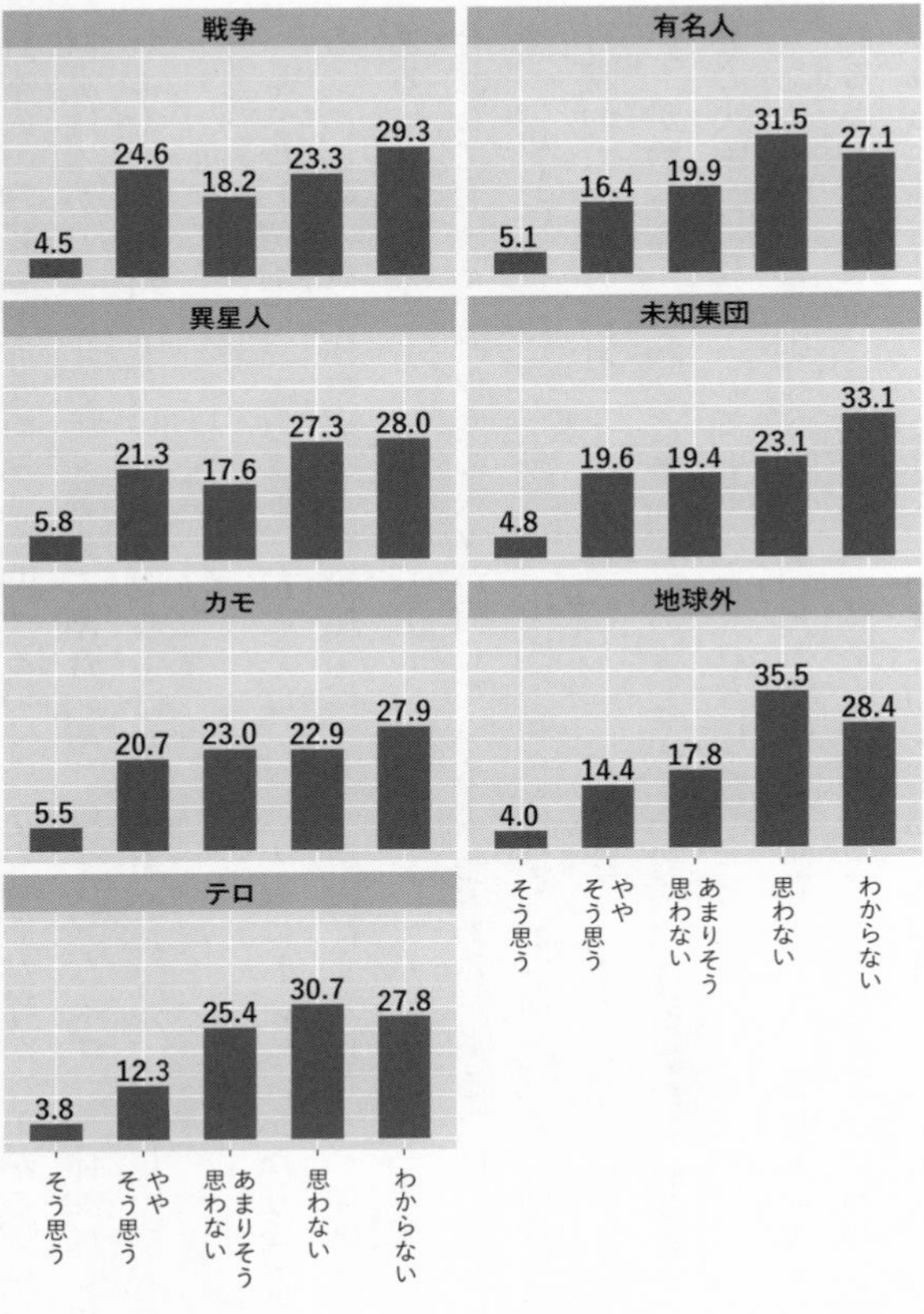
戦争
4.5
24.6
18.2
23.3
29.3
有名人
5.1
16.4
19.9
31.5
27.1
異星人
5.8
21.3
17.6
27.3
28.0
未知集団
4.8
19.6
19.4
23.1
33.1
カモ
5.5
20.7
23.0
22.9
27.9
地球外
4.0
14.4
17.8
35.5
28.4
テロ
3.8
12.3
25.4
30.7
27.8
そう思う
ややそう思う
あまりそう思わない
思わない
わからない

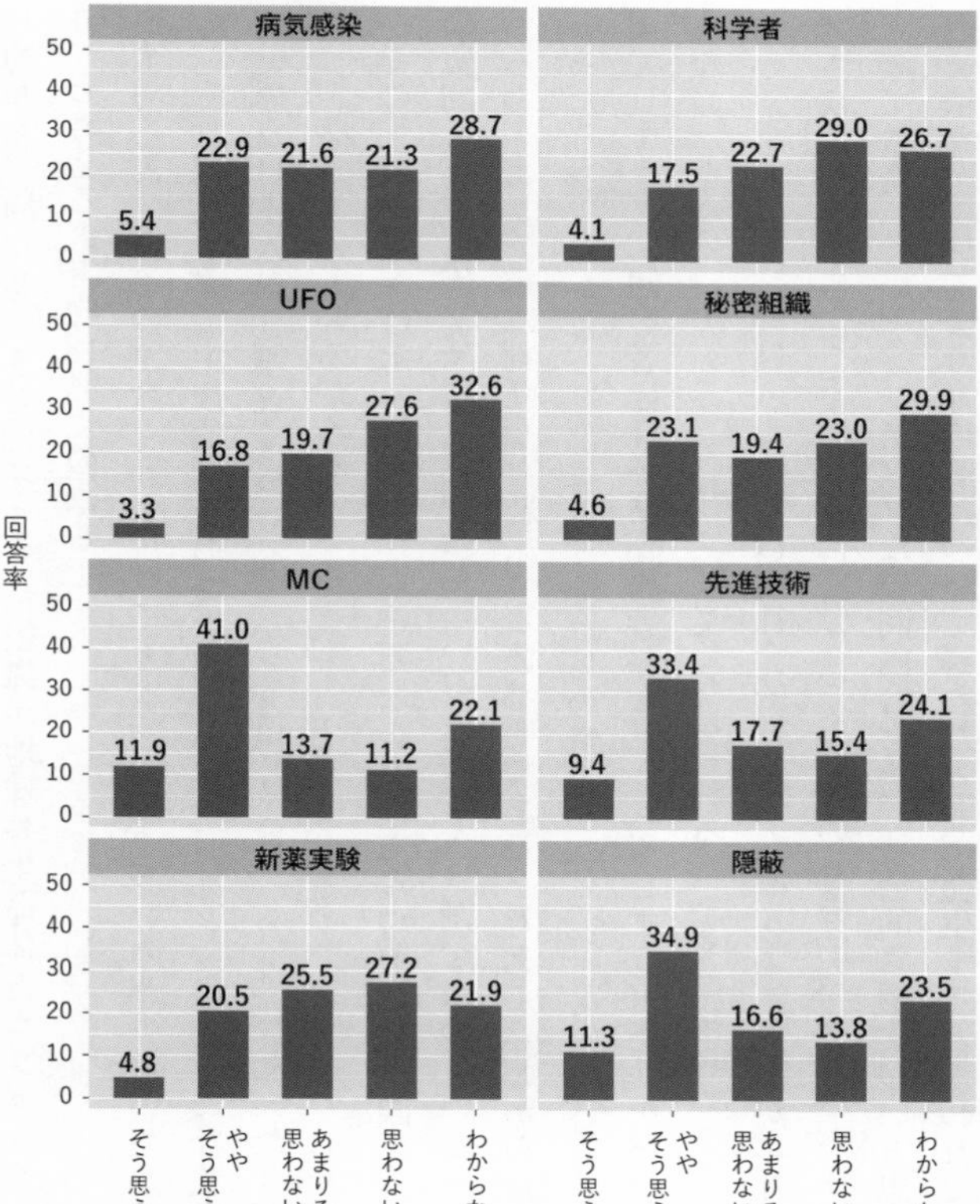

図1-2
日本人の陰謀論的思考の割合

れ約24％、約28％、さらにそうした組織が地球外生命体とコンタクトをとっている（地球外）と考える人も約18％にのぼる。

もちろん、回答の割合（％）だけにもとづいて、多いのか少ないのかを判断しようとしても、それはあくまで主観的判断の域を出ない。それゆえに、「こんな荒唐無稽な意見を正しいと思う日本人が3割近くもいるのか」と思う人もいれば、「たった3割程度しかいないのか」と感じる人もいるだろう。

その上で、見かけ上の結果よりも重要なことがある。それは、図1－2に示したほとんどの質問で、「わからない」と回答している人が2～3割を占めているという事実である。もちろん、より慎重に判断した結果、真偽不明であると考えて「わからない」と回答した人もいるだろう。しかし、一部には、それらの意見が正しいような気はするが、「正しい」と答えてしまうと、回答者自身が陰謀論者だと見られてしまう可能性を懸念して、あえて「わからない」を選んだ人も含まれていると考えられる。とくに後者のような回答は、社会調査（アンケート調査）では、しばしば「社会的期待迎合バイアス」とか「社会的望ましさバイアス」（Social Desirability Bias）と呼ばれている。この社会的望ましさバイアスは、多くの人にとって答えにくいセンシティブな質問内容とか、社会的に望ましいと思われることがあらかじめ決まっているような内容について尋ねたときに発生すると言われている。たとえば、選挙のたびに「選挙で投票に行きましたか?」と尋ねると、実際には投票に行っていない(棄権した)人も、社会的な体裁を気にして、つい「投票した」と嘘の回答をしてしまうために、世論調査上では実際よりも投票率が高く見積もられる傾向にあることが知られている。[20]こうしたバイアスも考慮すれば、先述した「正しい」「やや正しい」と回答した人よりも、さらに多くの人が「本心では」陰謀論を信じている可能性がある。

陰謀論が持つ病理

以上の結果からも、「この日本で陰謀論なんて信じているのは、ごくごく一部の特殊な人だ」とは簡単に言い切れないことがわかるだろう。いやそれどころか、日本人の3〜5人に1人が陰謀論的信念を有しているとするならば、誰しも身近な知り合い(あるいは自分自身)が陰謀論を受け入れる心理的素地を持っていると考えるほうが適切であろう。ある日、友人や家族が「実は、ワクチンにはマイクロチップが埋め込まれているので接種しないほうがいい」と真剣な顔で訴えてきたとしても、何ら不思議なことではないのである。

もちろん、陰謀論的信念を持つ者の中には、そういった考えを一切表には出さずに日常生活を送っている人も少なくないだろう。ただし、コロナ禍が明らかにしたように、ひとたび社会に混乱や大きな不安が生まれたとき、陰謀論的信念という潜在的な「種」が芽を出すことがある。実際に、ソーシャルメディア上では、それまで政治や医療にさほど関心を持っていなかったと思われる一般人が陰謀論を開陳し、さらには、友人や知人の制止を振り切って「炎上」する様子がたびたび見られる。

とくに2020年のアメリカ大統領選では、急速に広まったQアノン陰謀論の信奉者たちが、家族やそれまでの知り合いとの関係を絶たれて孤立化する様子が各種のメディアでしばしば報じられた。NHKが2021年4月10日に放送した「パンデミック 揺れる民主主義 ジェニファーは議事堂へ向かった」では、Qアノンを信じた男性が、娘や友人たちの諫めを聞かず、むしろQアノンの信奉者たちと付き合うようになり、それまでのネットワークから孤立していく様子が克明に描かれている。[21] Qアノン陰謀論では、アメリカは「ディープステート」と呼ばれる闇の組織に支配されており、トランプはそれと戦う英雄であると位置づけられている。つまり、Qアノンを信じる人にとって、トランプを批判する友人に「真実」を伝え、トランプ支持を訴えることは「アメリカのため」ということになる。そんな陰謀論を伝えられた友人にとっては、その人と距離をとりたいと考えるのは自然なことであるし、そうした連鎖の中で、ますます友人を失い、社会的に孤立していくことになる。陰謀論は、単にその人の評判を低下させるだけでなく、友人や家族といった身近な人々との関係をも奪ってしまう可能性のある、実に厄介な存在なのである。

3 「癒やし」としての陰謀論

現実と「あるべき現実」の乖離

そもそも、陰謀論を信じる人々は、今、目の前で起きている出来事や状態を是認できないという強い考えや意見を持っている場合が少なくないことが既存の研究でも明らかになっている。[22] つまり、現実が、彼らが想定する「あるべき現実」とあまりに乖離していることへの不満があり、陰謀論はその乖離を埋めるための便利な道具として利用されている側面がある。現実と「あるべき現実」とが乖離しているような人々にとって、陰謀論を信じることは不満解消法であるとも言えるだろう。

そう考えると、実は、多くの人の日常生活でも同じようなことは起きている。たとえば、一定の営業成績を出しているにもかかわらず、なかなか昇進できないビジネスパーソンを例に考えてみよう。本来なら昇進できるはずだという「あるべき現実」と、なかなか昇進できないという「現実」のギャップに悩むビジネスパーソンは、「こんなに業績があるのに昇進できないのは、上司が何かを企んでいるからに違いない」と考えるかもしれない。受け止めきれない現実に直面したとき、「目に見えない力」によって「あるべき現実」が歪められていると考えて、その不満を緩和しようとすることは特段珍しいことではない。

このように、現実とは異なる「あるべき現実」を強く信じている人ほど、このギャップにより苦しめられることになる。もっとも、この「あるべき現実」を多くの人とも共有できていて、自分だけのものではないと思うことができれば、この苦しみも多少は緩和されるかもしれない。先ほどの例で言えば、相談した同僚から「多くの社員はあなたの実力を認めているよ」と諭されれば、明日からもっと仕事に励もうと思えるかもしれないし、「上司の企み」のような意識も薄れやすくなるだろう。逆に、自身が信じる「あるべき現実」を他の多くの人と共有できない（認めてくれない）状況下では、陰謀論的思考がますます深まっていく可能性がある。理解者がいない状況は孤独を生み出し、孤独感はやがて、多くの人は「真実」をわかっていないという考えにつながる。それと同時に、「真実」を知っている自分は、自分を評価しない他者よりも優れているという自己評価が進み、さらにその思考を深めていくことになる。実際に、海外の研究では、ナルシシズム（自己の評価を誇張したがる傾向）が高い人や、社会的に疎外されていると感じる人ほど陰謀論を信じやすい傾向にあることが報告されている。[23,24]

陰謀論者が抱えるジレンマ

前節の内容をふまえると、半数以上の日本人は陰謀論的信念を持っておらず、陰謀論を信じる者は社会全体で見れば少数派であると言える。しかしながら、日本人の中で陰謀論的信念を持つ人々が少数派であるからといって問題がないわけではない。以上で指摘したように、少数派である陰謀論者は、多くの人が知らない「真実」を知っている数少ないひとりであることを「誇り」に思いつつ、同時に、多数派にも自分たちの主張を理解してもらいたいというジレンマを常に抱えているからである。「陰謀論」は常に少数派のためのものであるから、いつの時代でも、社会から見て異質な存在と扱われるし、その状態が、陰謀論者の陰謀論的思考をますます強めることにもなる。こうした、陰謀論の螺旋《らせん》効果とも言えるメカニズムによって、「あるべき現実」を強く信じる少数派と、現実を生きる多数派とのあいだで見えない断絶が拡大していく。

少数派である陰謀論を信じる人々は、大多数（mass）の主流的な考え方に対してしばしば懐疑的である。さらに根源的なことを言えば、陰謀論は、あくまで少数意見であるからこそ「陰謀論」として存在するのであり、もし多数派に受け入れられれば、それは単に「通説」とみなされることになる。たとえば、天動説が主流であった16世紀には、コペルニクスが唱えた地動説は少数派で、実に「変わった考え方」だと思われていた。しかし、地動説のほうが正しいと多数の人が考えるようになった今となっては、地動説を「陰謀論」と言う人は（ほとんど）いないだろうし、むしろ、天動説を唱える一部の人々のほうが陰謀論者であるとみなされてしまうかもしれない。こうした言説のパラダイム変化の実例があるからこそ、少数派である陰謀論者は、「（彼らが考える独自の）真実」を多数派に知らしめ、その言説を主流の通説に塗り替えたいという動機や願望を有するのだろう。

陰謀論に「政治ネタ」が多い理由

ここまで、多数派と少数派という区分から、陰謀論者の心理的・社会的な背景を説明してきた。そして、多数派と少数派という区分が色濃く反映される営為のひとつが、まさに「政治」である。たとえば、「選挙」は、ある国や地域全体の中で、（普段は可視化されにくい）多数派と少数派を明確に分ける装置として機能する。つまり、選挙という仕組みは、多数派と少数派の意見を調整して政府を形成するという統合の役割を持つのと同時に、自分自身が多数派に属するのか、それとも少数派に属するのかを否応なしに可視化する役割も併せ持っている。

加えて、政治の意思決定は、しばしば「永田町」をはじめとした、閉鎖的・密室的な空間で行われていることも見逃せない。こうした秘匿性のために、私たちは、新聞やテレビの報道を通じたものであっても、実際の政治的な情報の中からごく一部の情報しか知る由がない。たとえば、選挙のたびに、しばしばさまざまなデマが飛び交うのも、そもそも政治という領域が、一般人にアクセスできない閉鎖的な営為であることに起因する。心理学者のプルージエンらは、人々がある状況をコントロールしたり全体像を把握したりできないときに覚える脅威感覚（Threats to control）が、陰謀論を信じてしまう重要な契機となることを明らかにしている。[25]「政治」にまつわる話題は、その情報が完全に明らかにならず、断片的にしか摑むことができない。こうした政治に独特な要素が、政治的な陰謀論を拡散させやすくしていると考えられる。

選択的メカニズム

もっとも、政治に関する陰謀論に接触したすべての人がその種の言説を信じるわけではない。改めて言うまでもないことだが、もともと政治に関心のない人にとっては、政治にまつわる陰謀論などどうでもいいことだし、そもそも、（陰謀論であろうとなかろうと）政治の情報に触れる機会すらほとんどないだろう。裏返して言えば、政治的な陰謀論を見聞きする機会があるのは、（ある程度）政治に関心がある人々に限定される。

ここで挙げた政治に対する関心の例のように、私たちは、特定の考えや態度・信念にもとづいて獲得する情報を取捨選択しようとする。こうしたメカニズムは、政治コミュニケーション研究において「選択的メカニズム」と呼ばれる。[26] 選択的メカニズムには、自分にとって都合のいい情報だけを記憶すること（選択的記憶）や、あらゆる情報があっても、自分の意見や信念に合致する情報にしか気づかないこと（選択的知覚）、そして、自分にとって都合のよさそうな情報を選択して触れようとすること（選択的接触）が含まれる。また、選択的メカニズムが働く上では、ある情報と対峙する個人は、政治的に無色透明というわけではなく、潜在的に、すでに何らかの政治に関する選好や志向性を持っているという前提がある（「政治的先有傾向」と呼ばれる）。

もう少し具体的な例を挙げて説明しよう。仮に今、ある報道番組で、自民党の政策がコメンテーターに批判されていたとしよう。この番組を視聴している人がもし野党の支持者であれば、常日頃から感じている自民党に対する違和感を表明してくれているコメンテーターに共感するだろう。一方で、自民党（与党）の支持者であればどうだろうか。仮に、その批判が的を射たものであったとしても、それに好感を覚えることは稀であろうし、ときに、自民党に不利になるようにわざと偏った報道をしていると考えて、メディアそのものに対して批判的になるかもしれない（いわゆる「偏向報道」批判）。あるいは、自分が支持する政党が批判されている報道を視聴すること自体、決して気分の良いものではなく、他の番組に切り替えるかもしれない。少なくとも、その番組を見て、支持政党を変えるなどということは極めて稀であろう。そう考えると、自民党に批判的な報道を好んで視聴している人は、そもそも自民党に批判的な人であって、その報道内容がすべての人に均しく影響を与えるわけではないと考えられるのである。

もちろん、政治に関心があるかどうかと、特定の政治的な考えや信念（たとえば党派性やイデオロギーなど）を持っているかどうかは、必ずしも同義でない。したがって、政治への関心を選択的接触がもたらされる「政治的先有傾向」として適用するべきかどうかについては、議論の余地もあるだろう。とはいえ、政治に関心がある者は何らかの政治的意見を持っている場合が多いであろうし、逆に言えば、政治に関心のない者は特段の政治的信念や考えを持ち合わせていないと考えるほうが自然である。そうであるとすれば、政治に対する関心の有無もまた、選択的接触を促しうる要因となると考えることができる。

政治への関心が陰謀論を引き寄せる

選択的メカニズムにもとづけば、政治にまつわる陰謀論を見聞きする機会は誰しもに均しくあるわけではなく、そもそも政治に関心があるかどうかによって接触頻度が異なるはずである。

このメカニズムの妥当性について、筆者がYahoo!クラウドソーシングを利用して、2019年10月に日本に住む1512人に行ったアンケート調査を使って検証してみたい（ただし、この調査では性別などの割り付けは行っていない）。同調査では、インターネット上に見られる次の3つのうわさ話をピックアップし、それらの話を聞いたことがあるかないかについて二択で尋ねている。

▼ある政治家が災害時の寄付金の一部を北朝鮮に送金していたらしい（説1）
▼ある自治体の選挙では、一部の議員が当選するように不正なことをしているらしい（説2）
▼国の予算の一部はこっそり官僚の私的な宴会に使われているらしい（説3）

また、別の質問では、政治に関心があるかないかについても尋ねているので、これらの関係について分析をしてみた。すると、「説1」を聞いたことがある人のうち、「政治に関心がある」もしくは「やや関心がある」と答えた人の割合（以下では関心率と呼ぶ）は76・7%であるのに対し、聞いたことがない人では64・2%と、12%あまりの開きがある。「説2」を聞いたことがある人の関心率は74・5%に対して、聞いたことがない人では63・9%、さらに、「説3」を聞いたことがある人の関心率は71・2%に対して、聞いたことがない人では65・4%であった。

いずれのうわさ話でも、政治に関心を持っている人のほうが、これらの情報により接触しやすい傾向にあると言えるだろう。

動機づけられた推論

もうひとつ、選択的メカニズムに関連する重要な論点がある。それは、陰謀論に接触したあと、人々がどのようにしてその言説を信じるかである。

そもそも、人々の根底には、各々の政治的な経験などにもとづいて形作られた独自の「レンズ」があり、それを通して、政治の出来事を解釈している。そして、そのレンズは、私たちが政治的な判断や意思決定をする際に、良くも悪くも働きうる。

ポジティブな意味を持つ理由は次のように説明できる。一般に、政治に関するできごとは複雑で難しいことが多く、また多くの情報を得ることは認知的・時間的なコストもかかる。そのため、私たちは普段から、断片的な政治情報を手がかり（cue）にして政治の問題を解釈している。自分なりのレンズは、複雑な政治の問題のどこにピント（焦点）を合わせるべきなのか、何を手がかりにするべきなのかを教えてくれる。つまり、人は、何らかのレンズを持っているからこそ、複雑な政治の問題の要点を手際よく解釈することができ、自分なりの考えや意見を持つことができるのである。もう少し具体的に言えば、このレンズの役割を果たすのは、各人の持つ党派性（支持政党）や、保守とかリベラルといった政治のものさしを示す政治的イデオロギーである。党派性や政治的イデオロギーというレンズを通すことによって複雑な政治の出来事が「ろ過」され、必要な情報だけを取り出して、それをもとに政治の問題の良し悪しに関する主観的な解釈を可能にしてくれる。

ただし、このようなレンズは、ときにネガティブに働く場合もある。つまり、自分の考えに沿わない政治的な事実やできごとに関する情報が与えられたとき、人は、自らのレンズを通して、自分がこれまで見てきた政治の世界観が崩れないよう、どうにか整合的に解釈しようとする。たとえば、ある政治家の失言が報じられたとき、その政治家（や所属政党）を支持する人たちが、「前後の文脈を見れば問題にはならない」とか「マスコミはその発言だけを切り取って悪意を持って報じている」と反論することがしばしばある。無論、支持者であっても、冷静にその失言は問題だと考える人もいるだろうが、多くの場合、失言そのものではなく、マスコミの報じ方や記者による質問の仕方にピントを合わせてこの問題を解釈しようとする。言い方を変えれば、支持者たちは「（変わらず）支持する」という結論が先に来て、その結論にうまく導かれるように失言や問題の構造を理解・解釈しようとする。このように、何らかの結論が先にあって、その結論が崩れないように、自身の「レンズ」を通して整合的に解釈しようとする認知的なメカニズムのことを「動機づけられた推論」(motivated reasoning)と呼ぶ。[27]

この概念を提唱したクンダによると、「動機づけられた推論」には、大きく分けて2つの目的によって異なる機能がある。そのひとつは、「正確性」を目的とする場合(accurate enhances)である。正確性が求められる意思決定や行動の場合、当然ながら、そのために必要となる情報に対して、より慎重かつ精緻に解釈しようと試みる。もうひとつは、特定の考えなどの方向性にもとづいて、望ましい結論に達することを目的とする場合(particular conclusions enhances)である。上述したように、もともと各個人が有する特定の政治的な考え方に沿って情報を獲得したり解釈したりする仕方がこの方向性にあたる。一般に、メディアなどから得られる情報を理解しようとするときは、その情報の正確性を気にするよりも、自身の政治的意見や考え方などの方向性をめぐって解釈しようとすることのほうが多いだろう。そこで本書では、動機づけられた推論のうち、とくに方向性をめぐる機能のほうに焦点を合わせて議論を進めていく。

動機づけられた推論にもとづく陰謀論の受容

動機づけられた推論は、「誰が陰謀論を信じているのか」を検討する学術研究で頻繁に登場する重要なメカニズムである。[28] とくに、特定の政党を強く支持していたり、極右や極左と呼ばれるような極端なイデオロギー的立場だったりする人ほど、ある政治の意思決定をする際に、動機づけられた推論が働きやすいことが知られている。[29] つまり、人は自身のもつ党派性やイデオロギーの方向と反するような事実・情報が提示されたとき、それをそのまま受け止めるのではなく、動機づけられた推論を行い、自分の世界観を乱さないように自分の政治的信念と整合的になるような解釈をするのである。

そうした理論が日本においても当てはまるのか、あるいは、支持政党を持つ人々がどのような陰謀論を信じやすいのかについて、筆者が行った過去の調査データを使ってこれらの点を確認してみたい。ここでは、2019年3月に行ったアンケート調査（n＝1505）を用いて、2つの陰謀論の受容度と党派性の関係を確認する。[30] 以下で検証する陰謀論の内容は次の2つで、それぞれの陰謀論について、「同意できない（4）」「あまり同意できない（3）」「やや同意できる（2）」「同意できる（1）」という選択肢を用意している。

―▼安倍政権を批判する勢力は、その裏で、外国政府から人や金などの資源提供を受けて―

いる（陰謀論A）

▼政府に都合が悪い問題があると決まって芸能スキャンダルが発覚するのは、政府と大手広告代理店が実は裏でつながっているからだ（陰謀論B）

一見してわかるように、陰謀論Aは、「外国政府と反安倍勢力のつながり」という、与党支持者に受け入れられやすいと考えられる内容である。逆に、陰謀論Bは、政府／自民党の「裏の顔」を意味するもので、主に野党支持者に受け入れられやすい内容だと考えられる。これらの陰謀論について、「自民党支持」「立憲民主党＋国民民主党支持」「共産党支持」の3つの支持者層ごとに分類して、その受容度（同意度）を意味する平均値（高いほど陰謀論を受容する）を示したものが図1－3である（立憲民主党と国民民主党を合算しているのは、2019年の調査時点では合流の議論が進んでいたため）。まず陰謀論Aの受容度は、予想通り、自民党支持者が野党の支持者層よりも高くなっている。反対に、政府与党に不利となる陰謀論Bは、明らかに野党支持者層のほうが受け入れやすい傾向にある。

動機づけられた推論は、「誰が陰謀論を信じているのか」という本書の問いを考える上で、重要なヒントを与えてくれる。つまり、もともと政治に無関心の人がたまたま陰謀論に触れてそれを信じてしまうというよりも、むしろ、自分の政治的な信念に動機づけられて陰謀論に「能動的に」接触しに行っていると考えられる。また、ある政治的な考え方や意見を持っている限り、誰しもが陰謀論を信じる可能性があるということは、本書でとくに強調したい点でもある。

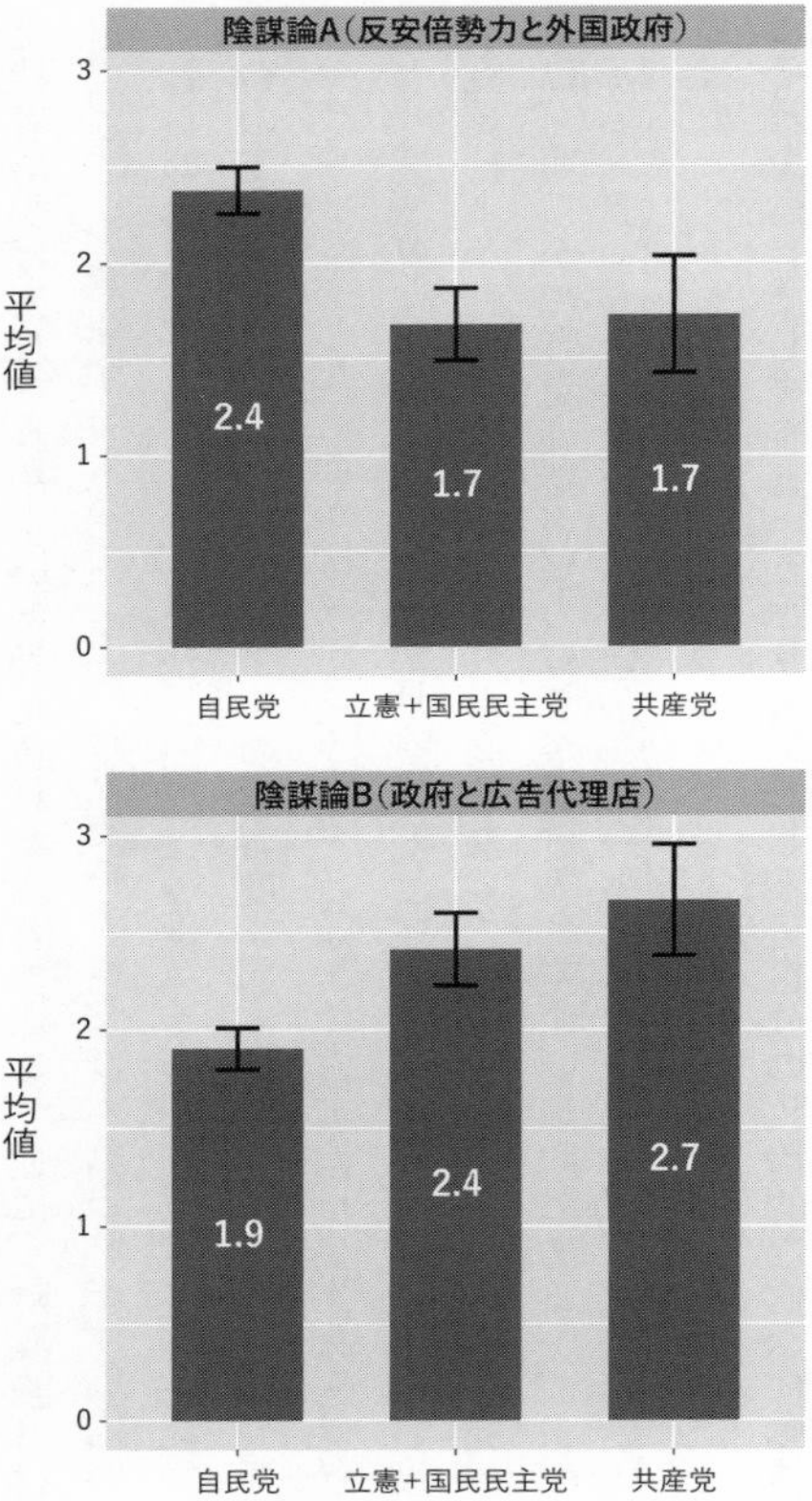

図 1-3
主要政党の支持層ごとに見た陰謀論受容

誰が陰謀論によって「救われる」のか？

上記のような傾向は、自分が信じている、あるいは強く共感する意見や信念が揺さぶられるような「見たくない／受け入れたくない事実」から人々を逃避させる格好の材料に、陰謀論がなりうることを示唆している。人は往々にして、自分が許容できないような事実や結果が生じたとき、その事実から目を背けたり、結果を疑ったりして、心理的な安定を求めようとする傾向にある。[31] そうした点からも、やはり、陰謀論が人々の意識や思考にいかなる影響を及ぼすのかを考える上では、そもそも人々がどのような政治的・心理的傾向を潜在的に有しているのかについて検討しておくことが極めて重要である。

そのような考えから、本書では一貫して、動機づけられた推論のメカニズムにもとづいて、さまざまな政治的傾向を持つ人々に焦点を合わせて、社会におけるさまざまな「層」ごとに陰謀論をどのように／どの程度受け入れているかを検証していく。具体的に言えば、保守（右派）やリベラル（左派）といったイデオロギー的な政治的傾向を持つ人々、あるいは、自身を「とくにイデオロギーを持たない普通の人間」と位置づける人々、政治に関する知識を豊富に持つ人々（政治的に洗練された人々）を対象とする。先述したように、こうした政治的な考え方は、政治に関するものごとを見るときの「レンズ」として機能する。たとえば、保守派であれば、保守派が共鳴するような情報に触れようとするだろうし、リベラル派であれば、リベラル派が肯定するような議論を好んで見聞きしようとするだろう。こうしたメカニズムを背景として、もともと持つ政治的な先有傾向が、陰謀論を引き寄せる可能性について検討していく。

なお、結論を少し先取りすれば、これらの政治的に異なる考え方を持つ「層」ごとに、それぞれ親和的な陰謀論を受容する傾向があることが示される。すなわち、「誰が陰謀論を信じているのか」という根源的な問いに対する実証的な答えは、「自分の信念に合致していれば誰でも信じてしまう」というものである。それは、どんな人であっても、常に心理的に不安定であり、それを支える「救い」を求めているということかもしれない。

4 陰謀論受容の分析

——サーベイ実験の考え方

本書の分析手法について

本書では、さまざまな政治的な意見を持つ層ごとに注目して、どのような陰謀論を、どの程度信じているのかについて、筆者が実施した世論調査データを用いて検証していく。そのため、データを分析する際には、やはり統計学的な基盤にもとづいて解釈を加えていくことになる。もっとも、データ分析の結果はしばしば、複雑な数字が羅列されたものが示されるだけで、多くの読者には理解困難なものになる。しかも、本書のほとんどの分析で「サーベイ実験」と呼ばれる新しい方法を応用した手法を用いており、従来的なデータ分析手法とは解釈や見方がやや異なる。

そこで、本書で用いる分析手法の特徴を簡単に説明しておきたい。なお、以下の内容は、やや専門的な内容を含むことから、先に結論を知りたい人、あるいは、すでにデータ分析について一定の知識がある人は読み飛ばしてもらっても構わない。各章の分析結果を読み解く中で、必要に応じて読み返してもらってもよいだろう。

因果関係を考える

前述したように、本書ではサーベイ実験という分析手法に含まれる「リスト実験」や「ヴィネット実験」という、統計的な推論方法を用いている。各実験の説明はそれぞれの章で詳しく説明するとして、これらの分析の理論的な基礎となる「サーベイ実験」の考え方について、まずは簡単に説明しておきたい。サーベイ実験とは、一般的によく行われるような世論調査（社会調査）と、ランダム化比較試験（RCTs）と呼ばれる手法を組み合わせた分析方法であり、近年、主に政治学や経済学、心理学などの分野で用いられるようになった手法である。

まずは、なぜ、この方法を用いる必要があるのかについて述べておこう。一般に、データ分析を行う重要な目的のひとつに、ある結果に対して、どのような要因が「原因」たりうるのかを厳密に検証することがある（こうした考え方は「因果推論」と呼ばれる）。そのために、回帰分析と呼ばれる方法を使うことによって、原因と結果の関係を統計学的に推論しようとする。ただし、ある結果が社会的に生じた理由を説明しようとするとき、その要因は無数にあると考えられる。たとえば、「投票に行くかどうか」（結果）を決める要因（原因）は何かを考えてみよう。すると、その原因には、性別や年齢、学歴、地域的な偏りなどの要因（社会経済的要因）もあれば、有権者1人ひとりの政治への関心度などの心理的な要因もあるし、投票日の天気や投票所までの距離などの選挙環境的要因、自分の選挙区が接戦かどうか、争点がわかりやすいかといった政治的要因など、無数の可能性が挙げられる。こうした無数の要因の中から、ある特定の要因を「これが原因になっている」と明確に示すことは簡単ではない。

もう少し厳密に言えば、結果Yに対して、ある要因Xが「原因」であると示すためには、ある要因X以外の条件をまったく同じにして、要因Xがあった（なかった）場合にはYが生じ、ある要因がなかった（あった）場合にはYが生じなかったということを示す必要がある（「潜在的結果にもとづく因果推論」と呼ばれる）。先ほどの例で言えば、「政治への関心度」という要因が「投票に行くかどうか」という結果の原因になっているかを厳密に示すためには、「政治への関心の有無」以外の条件を（個人を取り巻く環境なども含めて）まったく同じに仕上げたクローン人間を2人用意して、「政治への関心度」が高いほうのクローン人間は投票に行って、反対に「政治への関心度」が低いほうのクローン人間は投票に行かなかったという結論を得る必要がある。しかし実際には、クローン人間を作ることなどできないし、ある要因がある場合とない場合をひとつの世界線の中で同時に観察して比較することはそもそも不可能である（「因果推論の根本問題」と呼ばれる）[32]。

そこでこうした問題に対処するために、人為的に、ある条件を与える集団と与えない集団を作り出して、集団間で「結果」がどのように、どの程度異なるかを比較する方法が用いられる。また、人為的に特定の集団を作り出す際には、しばしば、人々をランダムに配分する形式が取られる（「ランダム化」と呼ばれる）。こうした手法は「ランダム化比較試験」とか、単に「実験（的手法）」と呼ばれる。たとえば、ある大規模な集団のうち、誕生日の下一桁《しもひとけた》が偶数のグループと奇数のグループのように、無作為に（つまり、誕生日の下一桁のような本人の意思ではどちらのグループに入るかが決められないような形で）分けることで、これら2つのグループが、誕生日の下一桁が偶数か奇数かという条件以外はほぼ均質になることが知られている。

サーベイ実験による因果推論

本書の分析で用いる「サーベイ実験」は、とくにインターネット上で行う世論調査（ウェブ調査）を用いて、コンピューター上のプログラムで無作為に回答者を複数の集団に分類し、それぞれに違う条件（処置）を与えることで、ある因果関係を特定しようとする方法である。つまり、回答者を複数の集団に無作為配分することで、前述したような、ある結果を引き起こしうる無数の要因をコントロールした上で、特定の処置が原因となるかどうかを検証することができるのである。

たとえば、2000人を対象にウェブ調査を行う際に、ランダムに2つの集団Aと集団Bに分けて（すなわち、一集団あたり1000人ほど）、集団Aには特定の処置を与えた上で回答を求め、集団Bには何も条件を与えずに回答を求めたとする。もし、集団A（処置群）と集団B（統制群）の回答結果に、統計学的に見て有意な差があったとしたら、その結果の違いは、「与えた処置による」＝「原因である」とみなすことができる。その上で、「平均処置効果」(Average Treatment Effect)と呼ばれる概念を適用して、処置群と統制群の平均の差を計測する。そうすることで、その原因の効果を推定することができる。

陰謀論研究においてサーベイ実験を用いる意義

上述した因果推論に関連する問題に対処することは、とくに陰謀論の受容を検討する上では極めて重要である。その理由は大きく分けて、次の2点にある。ひとつは、陰謀論を信じるか信じないか(という結果)の原因となる要素は無数にあるという点である。仮に、「支持政党があるかないか(政党支持層か無党派層か)」と「陰謀論を受容するかどうか」という2つの変数のあいだの関係から、「無党派層のほうが、政党支持層よりも陰謀論を信じる人が多い」という関係を導けたとしよう。しかし、その結果から「陰謀論を信じやすいのは無党派層だ」と結論づけることは早計である。というのも、無党派層であることの背景にある意識――たとえば政治不信や政治的無関心――こそが陰謀論受容の真の原因かもしれないからである。こうしたことを考慮した分析でなければ、陰謀論を信じる本当の「原因」を厳密に特定することは難しい。

もうひとつの理由は、陰謀論を信じるかどうかという「結果」と、その「原因」となる要因を同時に測定することによって生じる問題である。たとえば、データ分析の結果、「政治的立場が保守であるほど、陰謀論を信じやすい」という傾向が見られたとしよう。ただし、この場合、「政治的に保守だから陰謀論を信じる」という因果関係なのか、それとも、「陰謀論を信じるから政治的に保守的になった」という因果関係なのかを直ちに判断することができない。わかりやすく言えば、「鶏が先か、卵が先か」というような問題である。通常の分析方法では、原因と結果の矢印が逆になっている可能性を見過ごしてしまう可能性がある。

サーベイ実験は、こうした課題について方法論的に（相当程度）クリアすることができるパワフルな手段である。また、サーベイ実験の中にもさまざまなやり方が存在し、どのような問題を扱うかによって使い分けることが肝要である。各章では、ここで示したサーベイ実験の考え方を応用した、さまざまな手法を使い分けながら検証していく。それぞれの方法は各章でも詳しく説明していくが、基本的な考え方はここで説明した通りである。適宜、振り返りながら読み進めてもらえば、それぞれの分析の理解がより深まるだろう。

第2章

陰謀論とソーシャルメディア

1　ソーシャルメディアの利用拡大は何をもたらすか

広がるメディアの発信主体

この社会には、さまざまな陰謀論が数多く存在する。しかし、私たちの日常生活の中で、陰謀論に接触する機会はさほど多くはないように思われる。たとえば、会社や学校で同僚や友人と話をしていて、陰謀論が飛び交うような場面はなかなか想像しづらい。そう考えると、陰謀論に出合う機会はリアルな交友関係というより、とりわけバーチャルな空間であるインターネット上が多いと推測するのも不自然ではないだろう。また、一般的にも、陰謀論の蔓延が議論される際は、「インターネット上で」という前提条件がつけられることが多いように思われる。

もちろん、インターネット上にはさまざまなサイトが存在しており、そのすべてが問題になるというわけではない。たとえば、各新聞社をはじめとする報道機関のサイトや、政府機関などの公的なサイトでは、誤解なく正確な情報が伝わるようにさまざまに工夫されているし、そうしたサイト上であからさまな陰謀論が展開されることはほとんどないと言ってよいだろう。もっとも、一部の権威主義国家のように、政府がメディアを強力に支配している場合、いわゆる「プロパガンダ」のような形で陰謀論が意図的に広められることもあるが、日本のような民主国家では、ひとまずこうした懸念は除外してもよいと思われる。

そうするとやはり、現代日本における陰謀論の蔓延を考える上で問題にすべきなのは、しばしば論じられるように、インターネット上のサービスを利用した書き込みなのだろうか。近年では、数多くの人が日常的に利用しているツイッターやフェイスブックといったソーシャルメディア（SNS）、５チャンネルをはじめとする匿名掲示板やそのまとめサイト（匿名掲示板内の特定の書き込みだけを切り取ってまとめたサイトのこと）、あるいは、Yahoo!などのニュースサイトにぶら下がっているコメント（ヤフコメ）などが、よく槍玉にあげられる（以降では、こうしたメディアを一括して「ソーシャルメディア」と呼ぶ）。その中でも、日本で最もユーザー数の多いソーシャルメディアのひとつであるツイッターでは、さまざまな陰謀論やフェイクニュースが拡散されており、社会的にも大きな影響を与えていると危惧する論者も多い（その実態に関する研究結果は後述）。

ソーシャルメディアは、あくまで専門的な知識を持たない一般市民が主体であって、専門家による情報発信がメインコンテンツではない。もちろん、専門家であっても陰謀論（のような言説）を展開する人も存在するのだが、専門家全体から見ればあくまで例外的な位置づけである。したがって、ソーシャルメディア上での陰謀論の発信については、専門的な知識を持たず、また事実関係の批判的検証に関するトレーニングを受けていない一般人のほうが主たる役割を演じると考えるべきであろう。

かつて、インターネットが普及する前の社会では、新聞やテレビ、ラジオなど（以降では、こうしたメディアのことを「伝統的メディア」と呼ぶ）が重要な政治的・社会的情報を伝える役割を独占していた。こうした伝統的メディアは、一定のトレーニングを受けた記者による取材の積み重ねや、各社デスクの判断などに質を担保させる形で、消費者である我々に情報を提供してきた。だからこそ、（かつての）私たちは、伝統的メディアが伝えるさまざまな情報をさほど疑うことなく見聞きしてきたとも言える。さらに言えば、たとえ伝統的メディアが伝える情報が、自分自身にとって不愉快なことであっても、それが不愉快であると伝える範囲は、ごく身近な友人や同僚といった狭いネットワークに限られていた。要するに、伝統的メディアの時代、一般人は、与えられた情報を一方向に受容する存在であり、発信者となる機会はほとんどなかった。

それに対して、スマートフォンやパソコンを1人1台（以上）所有している現代社会では、誰もがあらゆる情報にアクセスすることができるのと同時に、ソーシャルメディアなどを通じて情報を発信することも容易である。ある意味では、国民全員がメディアの主体となっているとも言える。またそうであるからこそ、とくにソーシャルメディアでは、一般人による根も葉もない情報が発信されることも多々あり、またそれが受容されやすい空間ともなっているのではないか。本章では、そうした疑問に実証的なデータから迫ってみたい。

伝統的メディアとソーシャルメディアの利用頻度

そもそもソーシャルメディアは、一体、どのような人が利用しているのだろうか。あるいは、具体的に、どのようなウェブサービスの利用が盛んなのだろうか。まずはこれらの基礎的な点について、伝統的メディアとソーシャルメディア利用者の特徴をデータにもとづいて確認しておきたい。

ここではまず、第1章でも利用した2021年8月に筆者が行ったウェブ調査を使って、ソーシャルメディアと伝統的メディアの利用頻度の違いについて検討する。[1] この調査では、以下のような形で、伝統的メディアとソーシャルメディアそれぞれの利用頻度について尋ねている。

――【伝統的メディアに関する質問文】――

以下に挙げるメディアについて、あなたは、どれくらいの頻度でご覧になりますでしょうか。それぞれの番組やメディアについて、あなた自身の行動にもっともよく当てはまる選択肢をそれぞれ1つずつお選びください。

▼NHKのニュース番組
▼民放の政治を扱うバラエティ番組（たとえば「ワイドナショー」のような）
▼民放の政治ニュース番組（たとえば、「報道ステーション」や「NEWS23」のような）
▼大手全国紙や地方新聞

《選択肢》
ほぼ毎日（5）／週に何度か（4）／月に何度か（3）／年に何度か（2）／利用したことはない（1）／わからない／答えたくない

【ソーシャルメディアに関する質問文】

以下に挙げるウェブ上のサービスやシステムの利用の頻度についてお尋ねします。あなたは、どのくらいの頻度で、以下のウェブサービスやサイトを閲覧したり確認したりしますか。

それぞれウェブサービスごとに、もっともよく当てはまる選択肢を1つずつお選びください。もし、そのサービスをご存知でなかったり、アカウントを持っていなかったり、アクセスしたことがなければ「利用したことはない」をお選びください。

▼フェイスブック
▼ツイッター
▼5ちゃんねるなどの掲示板やまとめサイト
▼Yahoo!ニュースのコメント欄（ヤフコメ）

《選択肢》
ほぼ毎日（5）／週に何度か（4）／月に何度か（3）／年に何度か（2）／利用したことはない（1）／わからない／答えたくない

伝統的メディア／ソーシャルメディアとも、選択肢のうち、「わからない」と「答えたくない」は欠損値として扱い、各選択肢に記した数値を「利用頻度を示す変数」として割り当てて操作化した。全体的な利用頻度の傾向は図2－1の通りである。近年では、「テレビ離れ」とか「新聞離れ」といった言葉もよく聞かれるが、図2－1を見る限り、テレビや新聞といった伝統的メディアは、ソーシャルメディアに比べて、全体的に利用頻度が高い傾向が見て取れる。とりわけ、NHKや民放のニュース番組、新聞は、他のメディアと比べてもよく利用されていることがわかる。他方で、ソーシャルメディアでは、そのサービスごとに利用頻度に多少の違いがある。たとえば、ツイッターやヤフコメの利用頻度は比較的高く、フェイスブックやまとめサイトの利用頻度は相対的に低い傾向にある。

次に、18～29歳／30～49歳／50歳以上の3つの世代ごとに、図2－1と同じように、各メディアの利用頻度を示したものが図2－2である。

図2－2から、世代間で利用するメディアやサービスには大きな違いがあることがわかる。とりわけ、18～29歳の若年層に注目すると、ツイッターの利用頻度が他の世代に比べても突出して高く、同様に、まとめサイトの利用・閲覧も比較的盛んなようである。他方で、ヤフコメについては、若年層はやや低い傾向にある。

伝統的メディアに目を移すと、やはり全般的に、若年層より中年層やシニア層のほうがよく利用していることがわかる。とくに、NHKや新聞といった、比較的「お堅い」ニュース番組（ハードニュースと呼ばれる）は、高齢者層に大きく偏っている。さらに言えば、民放のバラエティ番組の視聴頻度でも、若年層は他の世代に比べて視聴頻度が低い。これらのことから、近年、とくに若年層のメディア利用の仕方が大きく変化している様子がうかがえる。

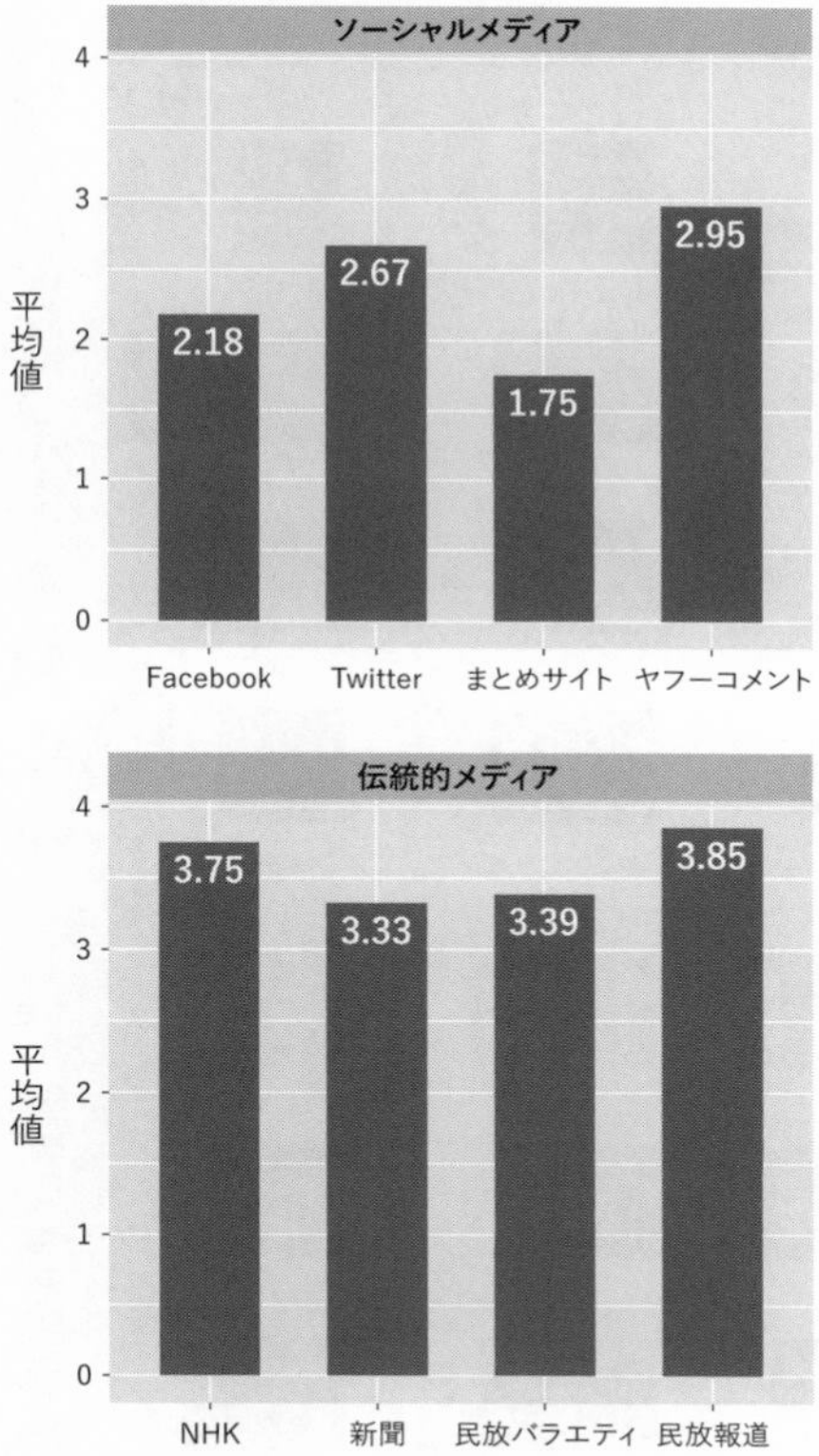

図 2-1
伝統的メディアとソーシャルメディアの利用頻度

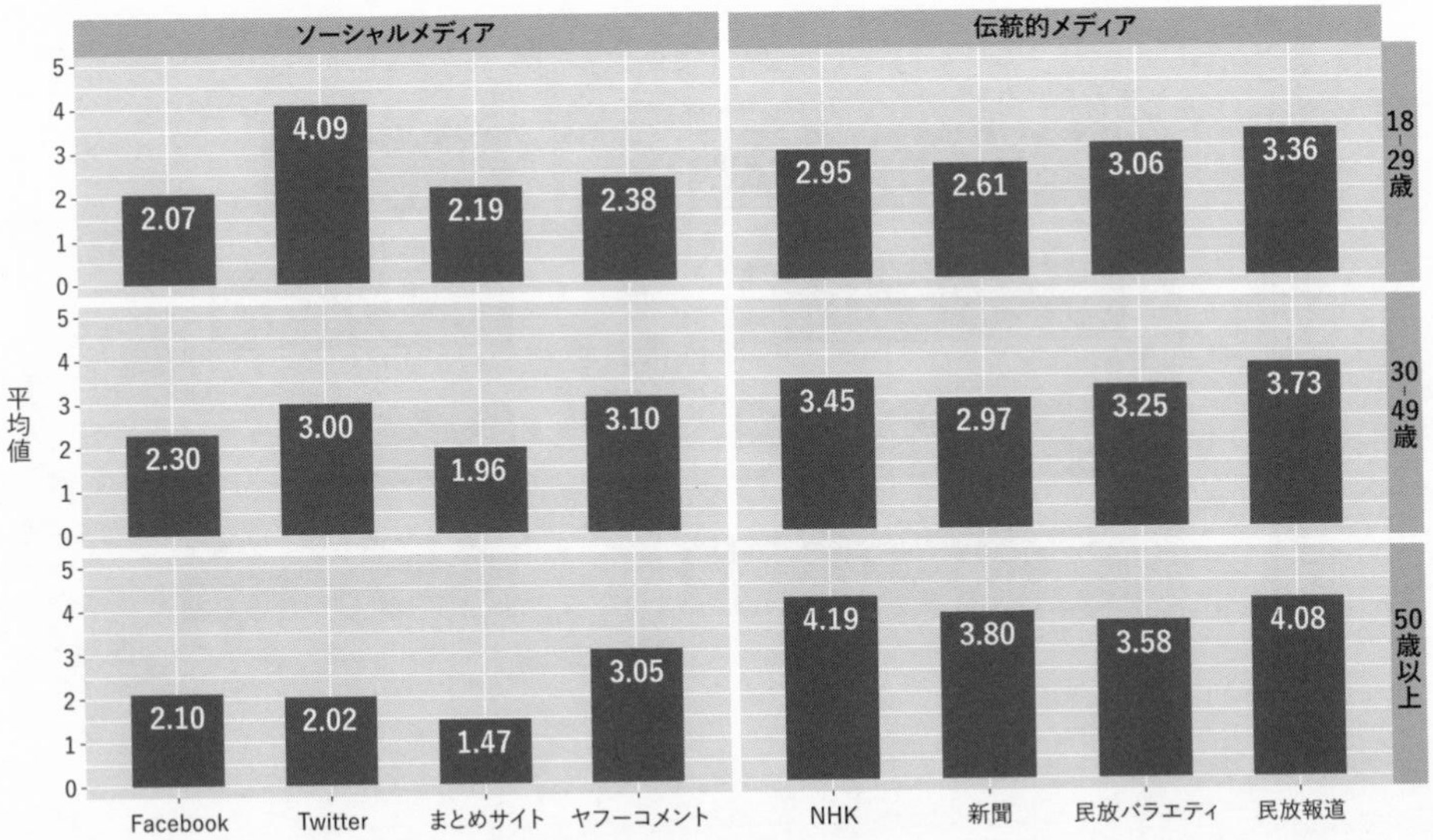

図 2-2
世代ごとに見た各メディアの利用頻度

2　利用メディアの違いは陰謀論的信念とどう関連するか

どこで陰謀論情報に接触するか

以上で見てきたように、世代によって利用するメディア媒体にはいくつかの違いがある。本章の冒頭でも述べたように、ソーシャルメディアと伝統的メディアを比べて、どちらが陰謀論的な情報に接触しやすいかと言えば、少なくとも民主国家においてはソーシャルメディアのほうだと言って差し支えないだろう。

ただし、伝統的メディアの中でも、たとえば新聞やNHKなどの報道ニュースと、主に民放の一部で報じられるような娯楽的に政治の話題を伝えるタイプの番組（ソフトニュースと呼ばれる）では、その意味合いが異なることに注意が必要である。海外の研究でも、政治の話題を娯楽的に伝えるバラエティ的報道であるソフトニュースの視聴が多いほど、とくに外交や安全保障などの難しい政治争点に関する問題に対して安易な答えを出してしまったり、政治への信頼感を喪失させて、シニシズム（冷笑主義）を加速させてしまったりするとの知見もある。[2,3] こうした知見をふまえると、伝統的メディアだから陰謀論やフェイクニュースといった怪しい情報がないというわけでもないと言える。むしろ、番組内容によっては、それが陰謀論であるとは直接的に言わないまでも、とても一般的な科学的見解とは言えないような情報を扱うようなものもある。

そこで以下では、ソーシャルメディアと伝統的メディアの接触が、人々の陰謀論的信念とどのように、そしてどの程度、関連しているのかについて、第1章でも説明した陰謀論的信念に関する変数と上述のメディア接触に関する変数の関係性を実証的に検証してみたい。

因子分析による「陰謀論的信念」の析出

まずは、第1章で取り上げた15の陰謀論を思い出してほしい（図1−2）。これらに関する変数を利用して、因子分析と呼ばれる手法を通じて「陰謀論的信念」を数値化する作業を行う。因子分析という手法を簡単に説明すると、さまざまな意見や態度の背景にある、潜在的な意識を抽出するために用いられる方法である。たとえば、一定の人々に、国語・英語・数学・理科・社会という5教科についてテストをしてもらった結果、国語や英語、社会の点数が高い集団（文系）と、逆に、数学や理科の点数が高い集団（理系）にはっきり分かれたとする。このとき、因子分析の方法を使うことで、各教科の点数という目に見える数値から、目には見えないけれども、その集団内にある潜在的な意識や傾向（ここで言えば、「文系志向」と「理系志向」のように）を析出することができる。このような考え方を元に、第1章で取り上げた15の陰謀論に対する意見の背景にある潜在的な意識を「陰謀論的信念」と捉え、その抽出を試みたい。

次ページの図2－3は、第1章で取り上げた15の陰謀論に対する回答（ただしここでは、「わからない」は欠損値として扱っている）を元に、因子分析の結果を示している。

因子分析では、通常、1つの因子に対して、0・4〜0・5程度の説明力（因子負荷量）を持っている変数の内容を見比べて、その因子（潜在変数）が実質的にどのような意味を持っているのかを解釈する。また、どのくらいの因子数が妥当なのか（つまり、15の変数からいくつの因子を導き出すことが適切なのか）を数量的に検査するやり方は、さまざまな方法がある。[4] ここではMAP基準（最小平均偏相関基準）という方法にもとづいて検査したところ、適切な因子の数は1つであると算出された。実際に、図2－3を見ると、因子1には、15変数のうち12変数もの因子負荷量が高く見られる。このことから、因子1にはかなり多くの情報が集約されていることがわかる。そこで、最も多くの変数から十分な情報が集約されているこの因子1のスコアを取り出して、「陰謀論的信念」と定義して議論を進めていく。

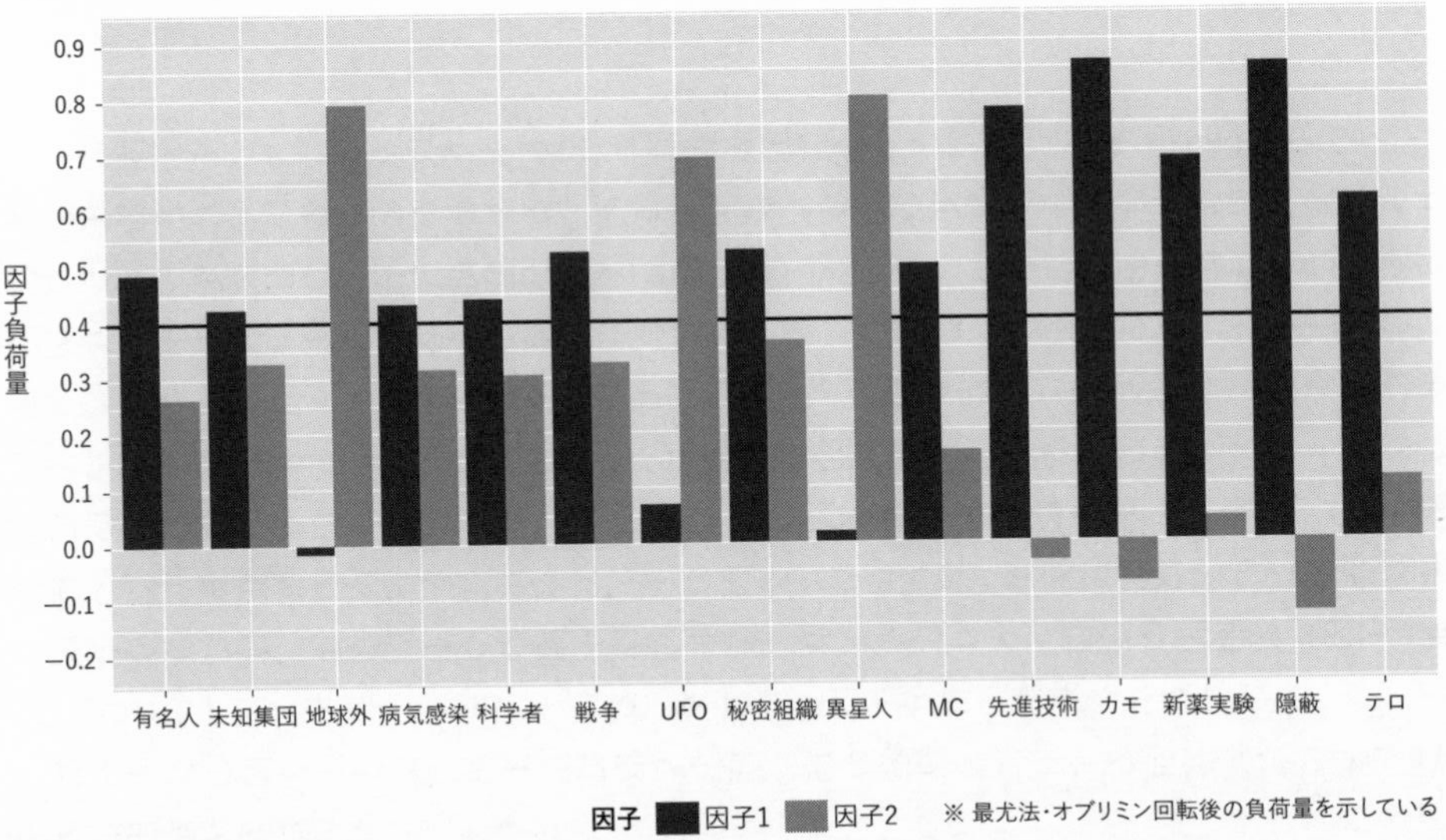

図 2-3
陰謀論的信念の因子分析の結果

陰謀論的信念とメディア接触の関係

以上で析出した陰謀論的信念に対して、ソーシャルメディア／伝統的メディアの利用頻度は、どのように／どの程度、関連しているのだろうか。この点について、回帰分析の手法を用いて検討する。

ソーシャルメディア／伝統的メディアに関するデータは、図2－1および図2－2で用いた変数を利用する。回帰分析は、結果側の変数（アウトカム変数）と原因側にあたる変数（説明変数）の両者の相関関係を明らかにするために用いられる。しかし現実には、ある結果（陰謀論的信念）を引き起こす原因は、使用する変数（メディアの利用頻度）以外にもあると考えられる。たとえば、学歴や政治への関心度などは、メディアの視聴頻度とは独立して、陰謀論的信念と関係している可能性が高い。こうした他のさまざまな条件（統制変数と呼ぶ）も統計モデルの中に織り込むことで、より厳密に、陰謀論的信念とメディア利用の関係を明らかにする必要がある。そこで以下では、統制変数として、「性別」「年齢」「教育程度」「世帯収入」「居住する地域の規模」「政治への関心度」「政治への知識度」を推定する統計モデルに投入した（ただし、表記の都合上、統制変数の結果は図2－4からは割愛している）。その上で、最小二乗法と呼ばれる方法で推定する。

推定結果は、図2－4の通りである。この図の見方を説明すると、変数ごとに示されてい

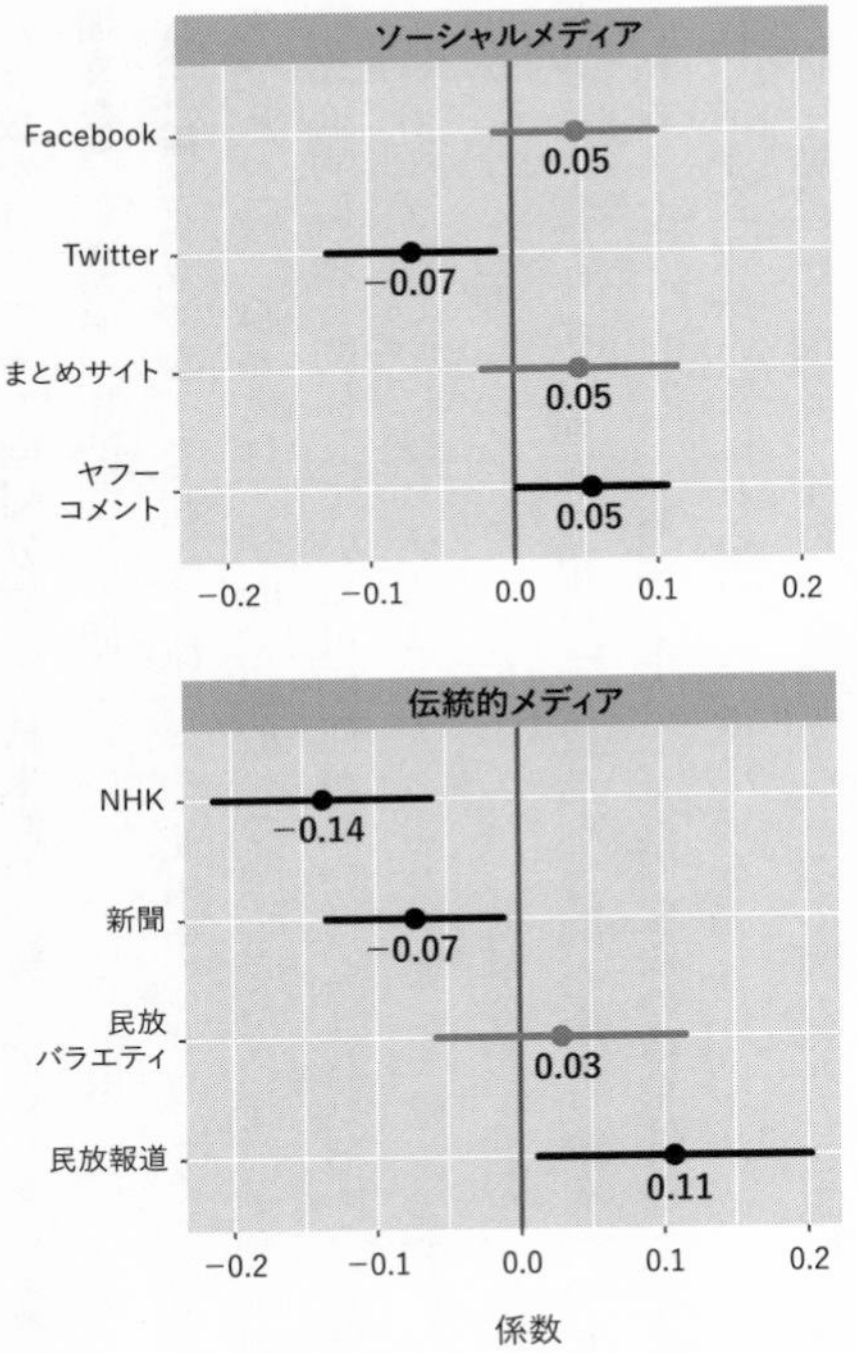

図 2-4
陰謀論的信念とメディア接触の関連

る丸（●）は「（点）推定値」と呼ばれ、その要因（それぞれのメディア）が結果とどの程度の関連性を有しているかを意味している。その丸から横に伸びた線は「信頼区間」と呼ばれ、当該推定に伴う誤差の範囲を示している。本書では、社会科学で一般的な基準となる95％の信頼区間を示している。この信頼区間の左限および右限は、いわば誤差の範囲である。つまり、この誤差の右限または左限が、X軸上の0のラインをまたいでいるかどうかで、その変数（要因）が統計的に有意かどうかを判別できる。もし、ある変数が、0よりも右（正の方向）であれば、誤差を含めたとしても確率的にプラスになると考えられ、逆に0よりも左（負の方向）であれば、誤差を考慮してもマイナスの意味を持っていると考えられる。図2－4を例にすると、「ヤフコメ（Yahoo! コメント欄）」は、信頼区間が0のラインをまたがないで右側（正の値）にあるので、ヤフコメの利用頻度と陰謀論的信念の高さには関連があり、確率的にも「相当確からしい」と見ることができる。逆に、「フェイスブック」や「まとめサイト」は、正の方向にあるものの、0のラインをまたいでしまっているので、それらの利用頻度と陰謀論的信念は、統計学的に見て、関連があるともないとも言い切れないと解釈できる。なお、それぞれの要因が、統計的に有意かどうかが一目でわかるように、統計的に有意な変数（0をまたいでいない）は黒色、有意ではない（0をまたいでいる）変数は灰色でそれぞれ示している。

この見方にもとづいて、分析結果を確認してみよう。まず、伝統的メディア群についての結果を見ると、NHKと新聞の視聴頻度が、負の方向で、統計的に有意であることがわかる。つまり、「NHKや新聞をよく見ることと、陰謀論的信念の低さには関連がある」と解釈することができる。ただし、民放の報道番組は、正の方向に統計的に有意である。つまり、

「民放の政治番組を視聴する頻度が高いことと、陰謀論的信念の高さには関連がある」と言える。

また、ソーシャルメディア群については、いくつかの点で興味深い結果が示されている。まず、前述の通り、ヤフコメの閲覧頻度に関する変数は正の方向に統計的に有意な結果が示されている。すなわち、「ヤフコメの閲覧頻度が高いことと、陰謀論的信念の高さには関連がある」といえる。一方、ツイッターの閲覧頻度については、(予想外に)負の方向で、統計的有意な結果となっている。すなわち、「ツイッターの利用頻度が高いことと、むしろ陰謀論的信念の低さには関連がある」と読み取れる。

これらの結果をまとめれば、陰謀論的信念の高さと関連するメディアとして指摘できるのは、ヤフコメと民放の報道番組の2つであり、逆に、NHKや新聞、ツイッターの利用頻度の高さは、陰謀論的信念の低さと関連している。ここで意外な結果として受け止められるのは、ツイッターと陰謀論的信念の関係についてであろう。ツイッター上には陰謀論が数多く流通しており、したがってツイッターは陰謀論を蔓延させる「悪いメディア」であるという印象が一般に持たれているかもしれない。しかし、図2-4の分析結果を見る限り、ツイッターの利用頻度は、逆に陰謀論的信念の低さと関連していることから、このような見方は実態とはやや異なるものだと言える。

こうした結果の背景には、ツイッターの利用方法の多様さがあると思われる。図2－2の結果を見ると、ツイッターのユーザーは比較的若い層が多い。若年層のユーザーの大部分にとって、ツイッター上で触れる話題は極めて日常的な出来事についてのものが中心で、したがって社会的・政治的な出来事についての情報を目にする機会は必ずしも多くないのかもしれない。日常的な話題の中に陰謀論が含まれることはあまりないので、ツイッターの利用頻度と陰謀論的信念の低さとの関連にも頷ける。むしろ、前述した「ツイッター悪玉論」のほうが、もともと政治や社会についての情報（ツイート）によく接するような人々のあいだで広がった誤解に過ぎないのかもしれない。

世代・陰謀論的信念・メディア接触

この点について、さらに深掘りしてみよう。まず、世代ごとに見た場合のメディア利用頻度の効果について検討したい。というのも、図2－2からもわかるように、若年層とそれ以外の層のメディアの利用の方法は大きく異なる。先述したように、若年層におけるSNS利用は、日常的な出来事を取り上げやすいと考えられるのに対して、年齢が上がるほど、社会的な話題を取り上げやすくなり、それをきっかけに陰謀論に触れる機会も多くなる可能性がある。

そこで、図2－2と同様に、18～29歳（若年層）／30～49歳（ミドル層）／50歳以上（シニア層）の3つの世代に分けて、メディア利用頻度と陰謀論的信念の関係について分析した（方法は図2－4と同様）。その結果が図2－5である。世代別に見ると、図2－4よりも、より明瞭にメディア利用と陰謀論的信念の関係についての特徴が浮かび上がる。

まず若年層では、先ほどと同じく、統計的有意にツイッターの利用頻度と陰謀論的信念の低さが関連している。他方で、ミドル世代～高齢世代へと年齢が上がるにしたがって、その推定値は小さくなり（－0.23→－0.09→－0.06）、さらに統計的有意でもなくなる。言い換えれば、ミドル世代以上では、ツイッターの利用頻度と陰謀論的信念との関係性は明瞭には見えなくなるのである。

こうした世代ごとに異なる傾向は、まとめサイトの利用についても確認できる。若年層やミドル世代では、まとめサイトの利用頻度と陰謀論的信念のあいだには統計的に有意な関連性を見出せないが、シニア層になると、統計的有意に陰謀論的信念の高さと関連する傾向が見て取れる。まとめれば、「年配者は、まとめサイトの利用と陰謀論的信念の高さに関連があるが、若年層やミドル世代にはそうした関係性は見られない」ということになる。

ツイッターとまとめサイトについて、さらに具体的に、閲覧頻度が上がることによってどのくらい陰謀論的信念が変化するのかについても確かめたい。図2－6は、性別や学歴など

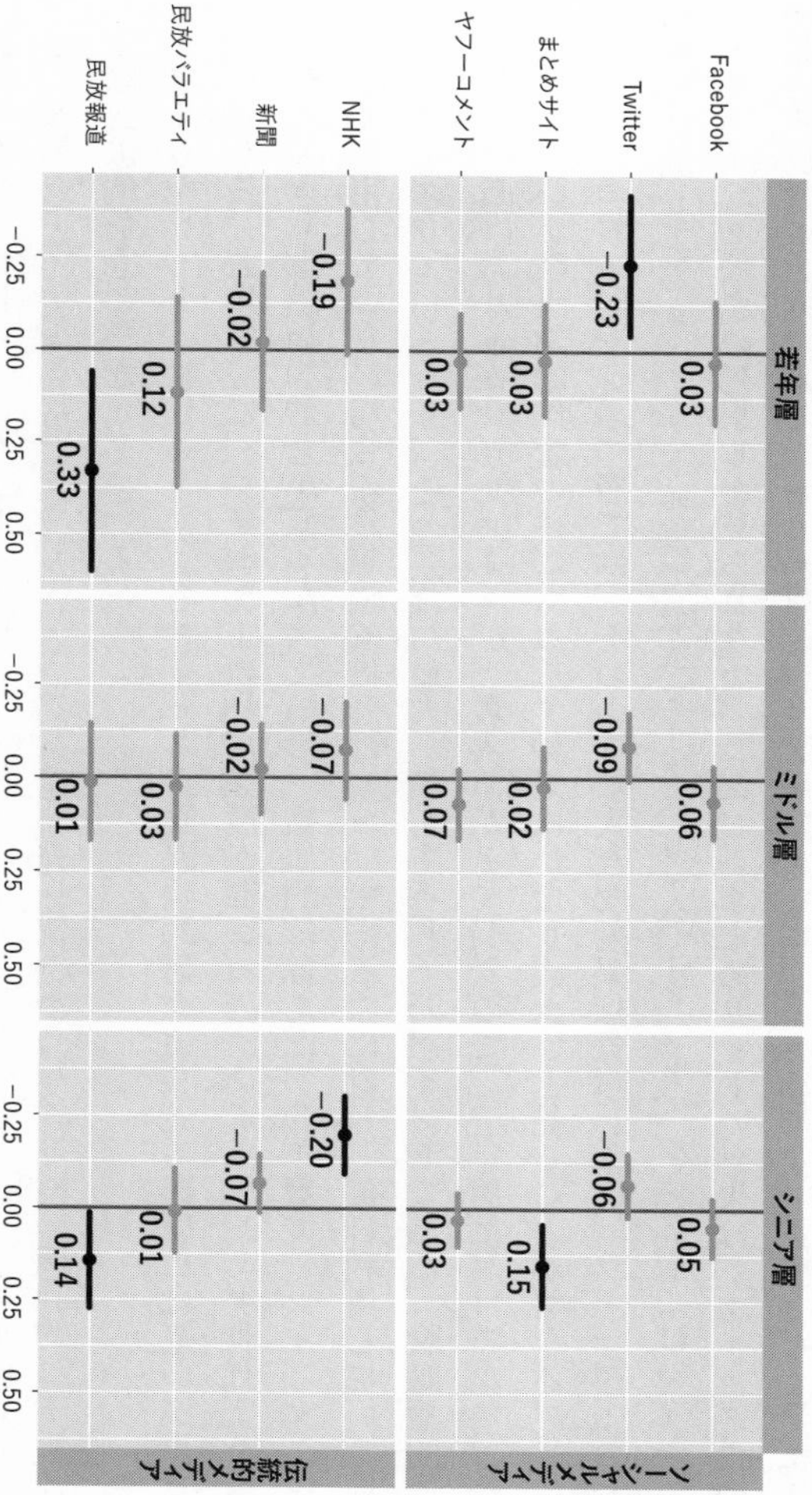

図2-5　世代別に見た陰謀論的信念とメディア接触の関連

の条件をまったく同じ（＝統制変数を平均値に固定）にした状態で、ツイッターやまとめサイトの利用頻度が上がった場合に、陰謀論的信念がどのような値に変化するかを図示したものである。３つの世代に分けた上で、上図はツイッター利用、下図はまとめサイト利用の頻度ごと（X軸の１は「全く利用していない」で、５は「毎日利用している」）に、統計的に予測される陰謀論的信念の値を示している。

図２－６を見ると、世代ごとに、各サービスが陰謀論的信念に与える影響には違いがあることがわかる。若年層では、ツイッターの利用頻度が高いほど、ミドル・シニア世代よりもはるかに大きく陰謀論的信念が低くなっている。具体的に言えば、若年層で、ツイッターをまったく利用していない場合の陰謀論的信念は０・80であるのに対し、毎日利用している場合はマイナス０・13となり、その差は（最大）マイナス０・93ポイントである。陰謀論的信念のスコアは、最小値がマイナス１・63、最大値が２・44なので、若年層におけるツイッター利用の違いが陰謀論的信念の差にもたらす効果はかなり大きいと見ることができる。

一方で、ミドル層やシニア層では、そのような大きな効果は見られない。ツイッターの利用頻度に関して言えば、ミドル層で最大マイナス０・34ポイント、シニア層ではマイナス０・26ポイント程度の効果しか見られない。ただし、まとめサイトの効果は、ツイッターの効果と正反対の方向である。とりわけ、シニア層において、まとめサイトをまったく見たこ

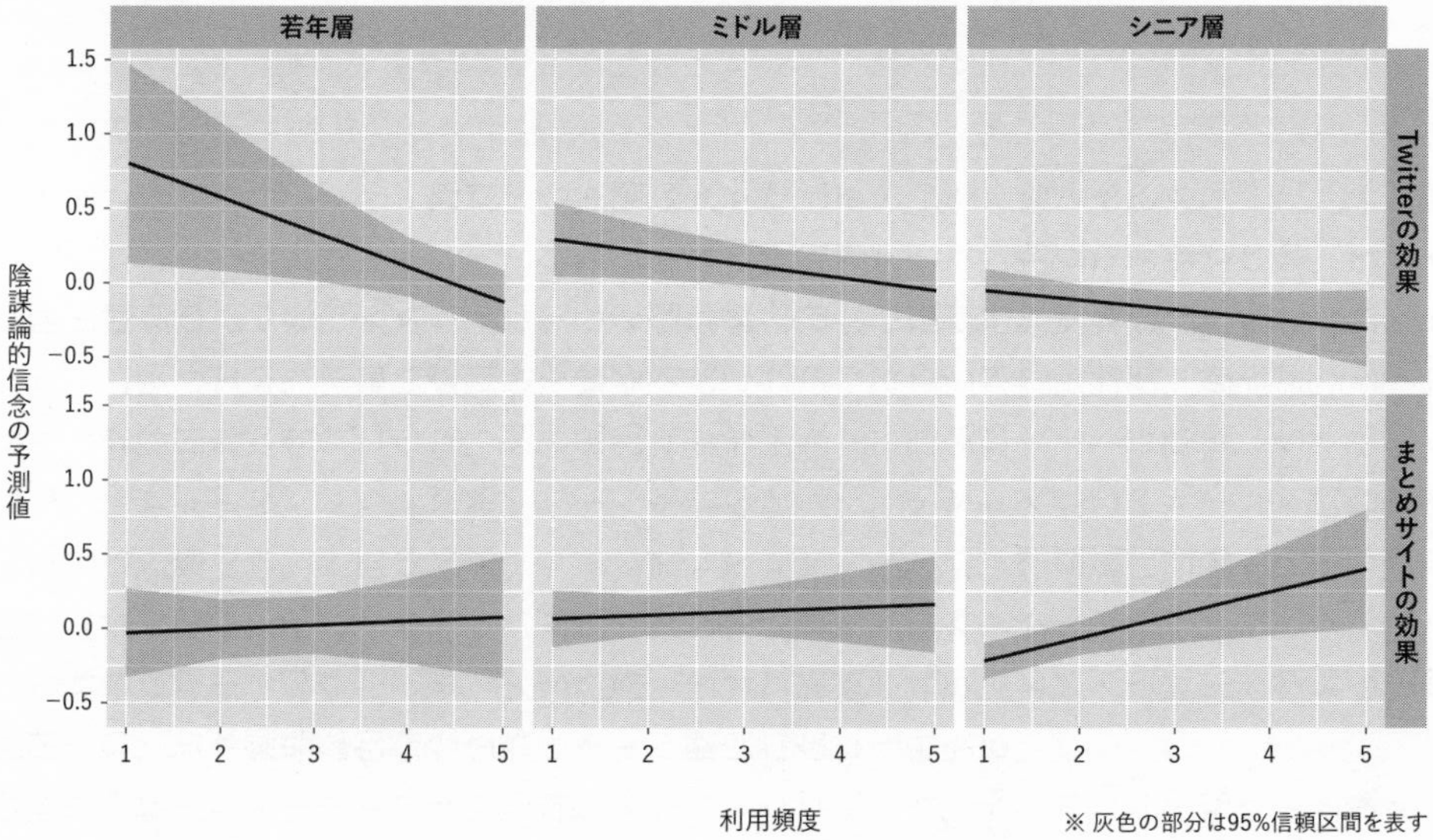

図 2-6
Twitter（上）まとめサイト（下）の接触頻度が陰謀論的信念に与える効果

とがない場合の陰謀論的信念はマイナス0・22であるが、毎日見ている場合は0・40となり、その効果は最大0・62ポイントである。それに対し、若年層、ミドル層とも、まとめサイトの効果は最大0・1ポイント程度に過ぎない。ここからも、とくにシニア層のまとめサイト利用者は、より陰謀論的信念を持ちやすい傾向にあると言える。

これらの結果を総合すると、大きな括りとして指摘される「SNSの利用と陰謀論受容の間には強い関係がある」といった言説は、必ずしも正確とは言えない部分もあるということができる。確かに、一部のソーシャルメディアコンテンツは、陰謀論的信念と関連している。しかし、フェイスブック、ツイッター、まとめサイト、ヤフコメなどのサービス内容ごとに、あるいは利用者の世代ごとに、陰謀論的信念と関連する程度は大きく異なる。とりわけツイッターに関しては、不確かな情報が数多くあふれていることは事実だが、他方で、とくにその利用頻度の高い若い人々は、必ずしも陰謀論的信念が高いわけではない。こうした観点から言えば、ソーシャルメディアと陰謀論受容の関係性でとくに注意が必要なのは、若い人というよりも、むしろミドル層以上の年配の人々であるというべきであろう。

3 SNSが「陰謀論の巣窟」と感じるメカニズム

陰謀論と「SNS悪玉論」

第1章でも触れたように、多くの陰謀論者は「従来的なモノの見方」を否定することで、「陰謀論的なモノの見方」を肯定しようとする傾向にある。このような陰謀論者に特徴的な考え方（思考様式）は、言い換えれば、陰謀論によって既存の社会における共通認識の枠組みを変えようとする試みであるとも言える。そうした中で、インターネット上の情報、とくにツイッターをはじめとするSNSこそが「陰謀論の巣窟」としてしばしば問題視され、社会を分断させているのではないかと問う声も見られる。

インターネットがもたらす負の側面について早くから指摘していた論者のひとりが、法学者のキャス・サンスティーンである。[5] サンスティーンは、自著『インターネットは民主主義の敵か』において、インターネットが発展することによって、人々は自ら好むものだけに耳を傾け、異質な意見に目を向けたり、耳を傾けたりしなくなる可能性を指摘し、いずれネット社会が「分断」をもたらすことに警鐘を鳴らしている。ただし、日本に目を転じれば、たとえば、田中辰雄と浜屋敏が論じるように、現状においてネットが社会を分断しているという証拠はないとする研究もある[6]（とはいえ、この研究に対しては、メディア研究者の辻大介の強い批判[7]もあり、必ずしも明確な答えがあるわけではない論争的なテーマであることも付記しておきたい）。

第三者効果と「SNS悪玉論」

ツイッターをはじめとするSNS上でのさまざまな「炎上」を見るにつけ、「なるほど、SNSが社会を分断しているのだな」といった印象を多くの人々が持っても不思議ではない。ただし、先ほどの分析でも示したように、実態として、ツイッターが陰謀論的信念の高さと関連するという傾向は見られなかった。こうした結果からしても、日本で最もユーザー数の多いSNSのひとつであるツイッターが陰謀論を蔓延させていると、明確な証拠をもって言うことはできないだろう。

もっとも、ツイッターが陰謀論の蔓延の要因となっているかどうかは定かではないとしても、そもそも陰謀論的信念を持っている一部の人だけにフォーカスすれば、選択的接触によって、ツイッターを通じて陰謀論をより信じるようになっているのではないか、という見方はありうる。あるいは、国内外におけるSNS上での陰謀論を信じる「ごく一部の変わった人々」への影響力を重視して、やはりSNSは陰謀論の温床だと捉えることも可能だろう。

ところで、メディア研究の知見によると、伝統的メディアやソーシャルメディアが伝える特定の情報について、「私は冷静だからどのように情報が流されようとも自分は踊らされないが、世の中の（自分自身以外の）多くの人は、きっとメディアに誘導されたり、騙されたりしているだろう」と考える心理的傾向が知られている（「第三者効果」と呼ぶ）。第三者効果は、心理学者のフィリップ・デイヴィソンにより仮説として提唱され[8]、現在は多くの研究で実証的に検証されている。たとえば、メディア研究者の魏然《ウェイラン》とガイ・J・ゴランの研究では、2012年のアメリカ大統領選挙におけるソーシャルメディア上での広告は、自分よりも、他の人の投票に強く影響を与えただろうと考える回答が多い傾向にあることが実証されている[9]。

このような第三者効果は、陰謀論に関する言説でも同様に働いている可能性がある。第三者効果に関する研究では、性的な広告（ポルノグラフィ）や差別などの社会的に望ましくないトピックについて、よりその効果が働きやすいことが知られている[10]。陰謀論を信じない数多くの人々にとって（あるいは、陰謀論を信じている人であっても）、陰謀論を信じることは社会的に望ましくないと考えられているはずである。つまり、「私自身は陰謀論には騙されないが、他の多くの人は陰謀論に騙されている（ように感じる）」という感覚が、SNS上をまるで陰謀論が跋扈する「巣窟」であるように見せ、それゆえに、ネットメディアは問題が多いとの論調を生んでいる可能性もある。

陰謀論受容の第三者効果

少なくとも図2－4や図2－5の分析結果にもとづけば、現実にはツイッターが陰謀論的信念の高さと結びついているとは言えない。それにもかかわらず、ツイッターこそが「陰謀論の巣窟」のように感じさせるという認識のズレを生んでいる原因は、この第三者効果によるものではないだろうか。そこで、陰謀論をめぐる第三者効果が本当に生じているのか、またそれはどのようなメディア接触と関連しているのかについて、2022年2月に筆者が行ったウェブ調査のデータを使って検証してみたい。

以下では、次の2つの調査を用いる。図2－7では、2022年2月に楽天インサイトのパネルモニター全国の男女2565名を対象としたウェブ調査[11]、図2－8は、2022年2月にYahoo!クラウドソーシングのパネルモニター全国の男女1525名を対象に実施したウェブ調査を用いる（性別などの割り付けはなし）。両方の調査では、共通して陰謀論の第三者効果を検証するために以下のような質問を行った。

【質問文】

以下のそれぞれの意見について、あなたのお気持ちに最も近い選択肢を1つずつお選びください。

▼私は、ウェブ上の嘘情報や陰謀論の影響を受けやすい
▼私以外の多くの人は、ウェブ上の嘘情報や陰謀論の影響を受けやすい
▼ウェブ上の嘘情報や陰謀論の影響を受けやすいのは、主に若者だ
▼ウェブ上の嘘情報や陰謀論の影響を受けやすいのは、主に高齢者だ

《選択肢》
そう思う（4）／ややそう思う（3）／あまりそうは思わない（2）／そうは思わない（1）／わからない／答えたくない

1つ目の質問は、自分自身が陰謀論の影響を受けていると思うかというものである。それに対し、2つ目の質問は、自分以外の多くの人々（第三者）が陰謀論の影響を受けていると思うかどうかを測定したものである。すなわち、全体として、自分自身が受ける影響よりも、

自分以外の他者が受ける影響のほうが大きいと見積もっていれば、陰謀論の受容における第三者効果が生じていることになる。また3つ目と4つ目の質問は、第三者効果が「世代」という単位で生じているかを検証するために行ったものである。先述したように、とくにソーシャルメディアの利用頻度は世代によって大きく異なるが、そのことが、ユーザー自身が感じる影響力にも反映されているのかをこの質問から確認することができる。

さっそく、以上の調査データから、陰謀論の第三者効果が生じているかを確認してみよう。まず図2－7は、以上4つの質問それぞれの回答の分布を示したものである。これを見ると、自分自身が陰謀論の影響を受けやすい（「そう思う」＋「ややそう思う」の合計）と考えている人は全体の約21％であるのに対して、自分以外の第三者は陰謀論の影響を受けやすいと考えている人（「そう思う」＋「ややそう思う」の合計）は約66％に達する。他方で、若者は陰謀論の影響を受けやすいと回答した人（「そう思う」＋「ややそう思う」の合計）は約39％、高齢者のほうが影響を受けやすいと答えた人（「そう思う」＋「ややそう思う」の合計）もほぼ同様に、約38％であった。

これらの結果を見ても、多くの人は、自分自身は陰謀論やデマの影響を受けることはないが、自分以外の第三者はそうした影響を受けやすいと考えていることがわかる。さらに言えば、およそ8割の人々が、自分自身はウェブ上の陰謀論の影響を受けない（「あまりそうは思

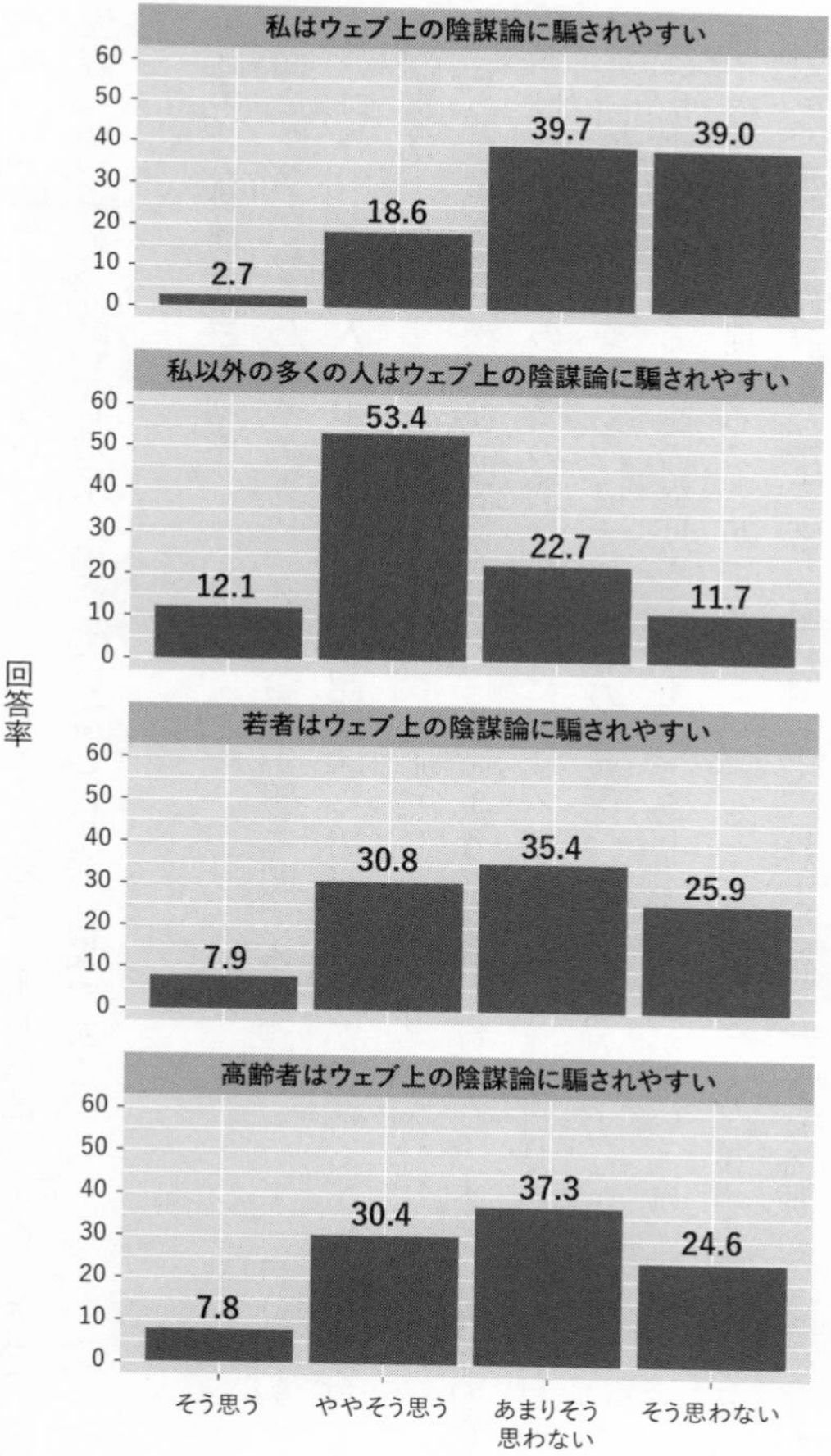

図 2-7
誰が陰謀論の影響を受けやすいかに関する回答結果

わない」＋「そうは思わない」の合計）と考えていることも特徴的である。まさに、陰謀論の受容に関しても、第三者効果が働いていると言える結果である。

メディア接触と第三者効果

図2－7からもわかるように、陰謀論の影響に関する認識について、自分は騙されないが、自分以外の多くの人は騙されていると認識する第三者効果が機能している。では、このような認識は、メディア接触とどのように関連しているのだろうか。

この点をさらに深く検討するために、次のような分析を行った。まず、先述の質問のうち、自分以外の第三者の影響の受けやすさに関する回答から、自分自身の影響の受けやすさに関する回答を減じた変数を作成する。この変数は、自分よりも他者（第三者）のほうが影響を受けやすいと考える認識の程度を示すものであり、この値が高い人ほど、第三者効果をより強く感じていると捉えることができる（以降、この変数のことを「第三者認識」と呼ぶ）。

次に、ここで作成した第三者認識に対して、以上で扱ってきた各種のメディアへの接触との関連について、前節と同様の方法（メディア接触に関する変数および統制変数は同じ）により推定する。分析結果は、図2－8の通りである（図の見方はこれまでと同様）。

図2－8からは、ツイッターの利用頻度が、第三者認識の高さと統計的有意に関連してい

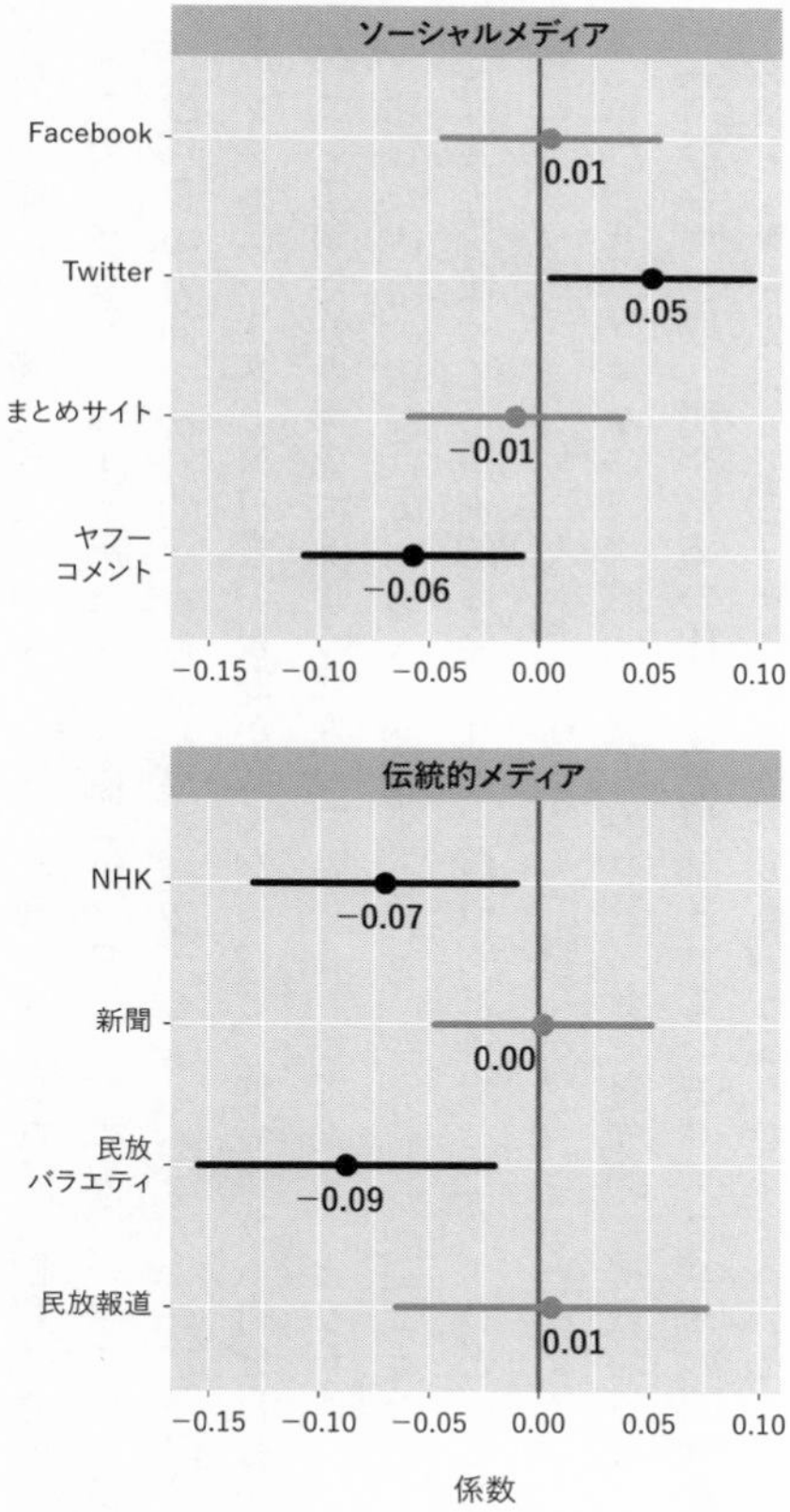

図 2-8
第三者認識とメディア接触の関係

ることがわかる。つまり、ツイッターをよく利用する人ほど、「自分は陰謀論の影響を受けないが、第三者の他者は陰謀論の影響を受けている」と考えている。日常的にツイッターを多く利用しているほど、第三者効果がより強化されることとなり、ツイッターが他者あるいは社会全体に悪影響を与えているとの認識を持つようになると解釈できる。

他方で、Yahoo! ニュースのコメント欄（ヤフコメ）や民放のバラエティ番組、NHKに関しては、負の方向で統計的に有意な結果を確認できる。つまり、「ヤフコメの閲覧頻度や民放のソフトニュース、NHKの視聴が多くなるほど、他者よりも自分自身が陰謀論の影響を受けている可能性を考慮するようになる」というわけである。とりわけヤフコメは、しばしば、悪質な内容の書き込みの多さが問題視される。こうした問題を受けてYahoo! 側は、近年ではAIを使って、差別的な発言などを機械的に排除したり、ひどいときにはコメント欄自体にアクセスできない（書き込んだり閲覧したりできない）ようにするなどの措置をとっている。また、ヤフコメのトップには、識者のコメントを優先的に掲載するなど、ユーザー自身が「冷静さ」を取り戻すための仕掛けが用意されている。ヤフコメの閲覧頻度の高さが第三者認識を低下させ、むしろ自分自身に悪い影響があるのではないかといった自省的な認識を生み出しているという結果は、こうした取り組みが功を奏していることの傍証かもしれない。

4　陰謀論の蔓延と「SNS悪玉論」の正体

本章のまとめ

本章では、主にソーシャルメディアと陰謀論的信念がどのように関連しているのか、またSNSでは陰謀論が野放しになっていて社会的に悪影響だと考える「SNS悪玉論」の実態について、各種のデータ分析を通じて明らかにしてきた。一般に、ソーシャルメディア、とりわけ日本における代表的なSNSのひとつであるツイッターにおける陰謀論の蔓延が問題視される。こうした言説が、実際に当てはまるのかについて検討したところ、ソーシャルメディアへの接触頻度と陰謀論的信念の関係は、利用サービスによって大きく異なることが示された。具体的には、ヤフコメの閲覧頻度や民放の報道番組視聴頻度が陰謀論的信念の高さと関連している一方で、槍玉にあげられやすいツイッターの利用はむしろ、陰謀論的信念の低さと関連していることがわかった。ツイッターユーザーに若年層が多い点にも注目して、世代ごとにさらに詳しい分析を行ったところ、若年層に限っては、やはりツイッターの利用と陰謀論的信念の低さに関連が見られた。

このように、少なくとも実証分析の上では、ツイッターが陰謀論的信念を高めるような効果を確認することはできない。それにもかかわらず、「ツイッターは社会に悪影響を及ぼす」といった言説に一定の説得力があるように感じられるのはなぜなのか。この点にも焦点を合わせて、メディア研究でしばしば指摘される「第三者効果」が陰謀論の受容においても働いている可能性を検討してきた。その結果、多くの人が、「自分自身は（冷静だから）ウェブ上の陰謀論やデマ情報に騙されないが、自分以外の多くの人はきっとそうした情報に騙されているだろう」という認識を持っており、さらに、このような第三者効果の認識は、とくにツイッターの利用頻度が高いほど感じる傾向にあることも明らかとなった。

ソーシャルメディアは陰謀論の温床か？

いまや国民の半数以上がスマートフォンを持つ現代の日本社会において、ツイッターやインスタグラム（Instagram）、ユーチューブ（YouTube）などのSNSは、コミュニケーションの手段としてごく一般的なものとなった。他方で、日常的なSNSの利用を通じて、自身にとってさほど必要のない情報を目にする機会も増えた。ソーシャルメディアは、誰もが気軽に発信できることにメリットがある一方で、その内容の正しさが逐一精査されることはなく、それゆえに陰謀論が紛れ込みやすい状況を作り出している。こうした「一般論」は、本章の分析からもある程度妥当することが明らかとなった。すなわち、ヤフコメなど、一部のウェブサービスの利用は陰謀論的信念の高さと関連しているのである。しかしながら、ツイッターのような、より特定的な人々とのみつながることができるサービスでは、陰謀論的信念と関連していないことも示された。

このような結果から、あらためてソーシャルメディアと陰謀論の関係を考えてみたい。ソーシャルメディアは陰謀論を広める元凶であるという言説は、もしかしたら、その実態とは離れて、私たちの思い込みが増幅される中で生み出されたものだと言えるかもしれない。無論、ツイッターをはじめとしたウェブサービス上では数多くの陰謀論が今も現実に存在しており、それが新たに陰謀論を信じる人を生み出す悪循環となっていること自体は事実であろう。しかしながら、そのような現象は、より俯瞰的に見れば、確率的に稀なことなのかもしれない。とくに、身近な友人とフォロー／フォロワー関係になることが多く、日常的な話題を中心にツイートをやり取りしていると考えられる若年層のツイッター空間の中に、陰謀論が入り込む余地はさほどなさそうである。あるいはリツイート（拡散）などを通じて、陰謀論が若者の目に留まる機会も少ないようにも思われる。

とはいえ、コロナ禍において大きな社会的問題ともなった「ワクチン陰謀論」のように、日常生活に関連した話題と結びつきやすい陰謀論の場合、より多くの人にリーチしやすくなる可能性はある。こうした誤情報や陰謀論に対して、ファクトチェックなどによりその種の言説を否定することももちろん重要であるが、それと同時に、ある社会的・政治的問題に関心を持った時点で、「私だって陰謀論にだまされるかもしれない」と考えておくこともまた、ユーザー1人ひとりができる対策として有効であるといえよう。

政治的な考え方と陰謀論受容

本章では、陰謀論の拡散におけるソーシャルメディアの影響力の実態を検討してきた。それでは、実際に陰謀論を信じやすい人には、どのような特徴があるのだろうか。

第3章からは、章ごとに、異なる政治的タイプの人々にフォーカスし、さまざまな陰謀論（と考えうる言説）を取り上げて、その受容の程度やメカニズムを検証していく。前述したように、政治的な考え方が異なれば、受容しやすい陰謀論の種類も異なる。第3章では、「自分の政治的意見は〝普通〟だ」と主張する人に特有の陰謀論受容のメカニズムを議論する。第4章では、いわゆるリベラル／左派層における陰謀論受容の実態を検討する。自身が支持する政治的勢力に有利に働く陰謀論であっても、それを撥ねつけることができるのかがこれらの章のポイントである。そして第5章では「自分は陰謀論に騙されない」と自認するタイプの人々を取り上げる。本章でも説明したように、「私は他人よりも陰謀論の影響を受けにくい」と思っている人は多い。しかし、そう思っている人々が「本当に」陰謀論に対する抵抗力を持っているのかどうか、あるいは、どのようなファクターが陰謀論の防波堤としての役割を持ちうるのかについて検討していく。

第3章

「保守」の陰謀論
——「普通の日本人」というレトリック

1 「右でも左でもない普通の日本人」を自称する人々

ネット右翼と陰謀論

近年、インターネット上で排外主義・差別主義的な言説を繰り返す「ネット右翼（いわゆるネトウヨ）」と呼ばれる人々の存在が社会的に問題視されている。ネット右翼に共通する基本的な政治的スタンスとしては、特定の国や外国人を過剰に敵視したり、あるいは伝統的な日本のあり方（たとえば、選択的夫婦別姓の導入への反対など）や、外交・安全保障政策に対するタカ派的な姿勢を強く肯定したりする点が挙げられる。もっとも、こうしたスタンスを持つこと自体は、いわゆる「(政治的に) 保守的な人」として、これまでは特段、問題視されることがなかった。「保守的な人」と「ネット右翼」が区別される最大の所以《ゆえん》は、その攻撃的な言動、すなわち過剰なまでに排他的な意見をインターネット上の掲示板やSNSに頻繁に書き込んで一般社会に発信し、見解を異にする他者（特にリベラル派）に執拗な攻撃を展開する点にあると言えよう。

上述したような態度や行動をとるネット右翼たちが、とくにインターネット上で、陰謀論と考えられるような言説を数多く投稿していることも明らかになっている。[1] その典型的な例のひとつが、在日コリアンは日本社会においてさまざまな「特権」を持っているとする主張（「在日特権」と呼ばれる）である。実際に、2010年ごろ結成された、桜井誠をリーダーとする「在日特権を許さない市民の会（在特会）」と呼ばれる団体は、「行動する保守」を自称しながらネット上で賛同者を増やし、各地で在日コリアンをはじめとする特定の外国人を攻撃するデモなどを行ってきた。[2] しかし、ジャーナリストの安田浩一は、在特会が取り上げる代表的な4つの「特権」（特別永住資格・朝鮮学校補助金交付金・生活保護優遇・通名制度）に関する主張は明らかに根拠を欠いていると指摘する。[3] たとえば、特別永住者には日本人と比較して優越的な条件があるわけではなく、生活保護の優遇についても、厚生労働省や福祉事務所に徹底的に調査した上でその存在を一蹴し、現場のケースワーカーの取材でも同様の回答であったという。したがって、これらの主張は陰謀論的な要素を多分に含んでいると言えるだろう。しかし一方で、主にネット上において、未だにこの種の言説が蔓延し続けている現実もある。こうした傾向からもわかるように、ネット右翼の活動と陰謀論受容のあいだには密接な関係が疑われるのである。

ネット右翼とオンライン排外主義者

こうした社会的な問題意識を受けて、とくに近年、ネット右翼に関連する研究が数多く見られるようになった。たとえば、2000年代後半からネット右翼に関する調査研究を行い、その特徴を計量的に明らかにした辻大介の研究[4]や、ネット右翼の実態に迫る数多くの実証分析を行った樋口直人ほか著『ネット右翼とは何か』[5]、過去30年ほどのあいだのネット上での保守的な言説がどのように変遷してきたかを丹念に分析した伊藤昌亮著『ネット右派の歴史社会学』[6]などの成果が生まれている。他にも、数多くのネット右翼やその近隣概念（たとえば、排外主義や右傾化）を扱った学術書がここ数年で数多く出版されている[7,8,9,10,11]。

これらの文献に共通して見て取れるのは、ネット右翼を一意に定義することの難しさである。というのも、ネット右翼は、その意識の中核に諸外国への嫌悪、排外主義など共有する要素はあるものの、実際的な主張の内容は、その時々の政治的な文脈に応じて異なる場合があるためである。それでも、本書のようにデータ分析を通じてネット右翼を論じる上では、何らかの操作化、すなわち観察可能な定義をする必要がある。

この点について、たとえば辻大介や永吉希久子は、共通して、次のような特徴を持つ人々をネット右翼と定義している[12]。1つ目は、中国・韓国への否定的態度の有無、2つ目は保守的政治志向の有無（靖国神社への公式参拝、憲法9条改正、国旗国歌の尊重、愛国心教育の促進に関する態度など）、3つ目はインターネット上における日常的な政治的意見の発信である。これら3つの要素を併せ持つ層を「ネット右翼」と定義して分析している。

また永吉は、8万人規模の大規模調査の結果から、これら3つの要素をすべて兼ね備えたネット右翼層は、全体のうち1・5％に過ぎなかったと指摘している。この結果は、先行する辻大介の研究で推算されている1～2％という数字とも整合的である。さらに、これらの3要素のうち、2つ目の保守的な争点態度の有無を除外した層——保守的政治志向ではないが、中国・韓国への否定的態度を持ち、ネット上で政治的意見を発信する人々——が、全体の3％程度存在するという指摘も重要である。永吉は、こうしたいわばネット右翼予備軍のような存在を、「オンライン排外主義者」と定義して、ネット右翼的言説の広まり方を分析している。

以上の研究の興味深い点として、ネット右翼とオンライン排外主義者では、いくつかの異なる特徴があることが挙げられる。たとえば、ネット右翼層では7割近くが「私は保守だ」と自認しているのに対して、オンライン排外主義者では3割程度しか自認していない。あるいは、各政党や政治家への好感度についても、ネット右翼は自民党や安倍元首相を強く好み、立憲民主党を相当強く嫌う傾向があるのに対して、オンライン排外主義者には必ずしもそのような傾向は見られないのである。

保守ではなく「普通の日本人」

ともに全体から見ればごく少数ではあるものの、ネット右翼と、それよりもややマイルドなオンライン排外主義者のあいだでは、「保守」とか「右翼」といった伝統的なイデオロギーとの関連度が異なっている。とりわけ、保守とは自認しないものの、中国や韓国を極端に嫌っているオンライン排外主義者の存在は、ネット上に特有の現象のようにも思われる。前述した永吉らの大規模オンライン調査では、中国や韓国への敵対心をむき出しにするオンライン排外主義者に「あなたの政治的な立場は保守ですよね」と聞いても、「いや、私は保守ではない」と答えた人が7割近くにのぼるのである。こうした現状を鑑みれば、単純に伝統的なイデオロギー軸だけでは測りきれない、何らかの実態があると考えるほうが自然であろう。

このように〝あえて〟保守とは自認しないという感覚の背景には、どのような考え方が潜んでいるのだろうか。第一に、彼／彼女らが、自らの排外主義的な主張を受け入れてくれない社会のほうに問題があると考えている点が挙げられる。先述の安田浩一は、自著『ネットと愛国』において、「(在特会の会員となった)ごくごく普通の若者たちは、なぜレイシストに豹変するのか」を分析している。その中では、在特会の活動に従事する人々の様子が詳細に描かれており、メンバーには「普通のOL」や、そもそも政治的な話題を自分から出すことを避けてきたようなタイプの人々が複数いることも指摘されている。[3] このように、自分のことを「普通」だと思っている人々が主張する政治的意見は、いわば「一般人が持つ素朴な思い」の吐露であって、日頃から政治活動を盛んに行っているような「特殊な人の意見」ではないと自身を納得させる材料になりうる。その帰結が、非-保守としての政治自認なのかもしれない。

もうひとつの背景として挙げられるのは、（上の点とも重複するが）ネット右翼やオンライン排外主義者が信念とする「愛国」をめぐる考え方である。[13] たとえば、韓国とは従軍慰安婦問題をはじめとする歴史問題や竹島の領有権などについて、中国とは尖閣諸島や対米関係をめぐって、しばしば日本と対立する場面が見られる。こうした報道に接し、彼/彼女らは「日本を嫌っている（ように見える）両国に対して日本側が友好的な姿勢を示す義理はなく、むしろ「そちらが嫌いなら、こちらはもっと嫌いだ」と言ってやれ」というふうに反応する。それはいわば、ごく素朴な感覚/論理を内面化した結果とも推察できる。そうした前提にもとづけば、中国や韓国を過剰なまでに嫌うという姿勢を、「日本を愛する日本人」として「普通」のものとして捉える彼/彼女らの認識も、理解不可能なものではなくなるだろう。

つまり、保守（右派）だから中国や韓国を嫌うとか、リベラル（左派）だから逆だといった政治的イデオロギーの理屈とは無関係に、「嫌われたら嫌い返す」のが「普通の日本人」として当然のことと考えていると捉えられるのである。

ちなみに、こうした「普通の日本人」という表現は、とりわけインターネット上において、ネット右翼ないしオンライン排外主義者たちを象徴するひとつのキーワードとなっている。ネット右翼的な人々のSNSなどの自己紹介（プロフィール）欄を見ると、自らを「右翼」とか「保守」と明言せずに、むしろ「（政治的に）右派でも左派でもない普通の日本人」とか「ただ普通に日本を愛しているだけの日本人」といった表現が多用されている。また、「普通の日本人」と名乗る人々が、自己紹介の写真（アイコン）にしばしば日の丸（国旗）やその絵文字を加えていることから、（主にそれを揶揄する意味で）彼／彼女らを総称して「日の丸クラスター」と呼ぶネットスラングもあるほどである。

「普通の日本人」と「在日認定」

「普通の日本人」を自称するネット右翼やオンライン排外主義者の人々が主張する内容には、一定の共通する傾向がある。たとえば、ネット右翼たちは、リベラル（左派）的な言説、あるいは中国（人）や韓国（人）の立場を擁護する人や団体をあげつらうために、しばしば「在日認定」という言葉を用いる。[14] このような、自分たちの意に反する政治的主張をする人々は在日コリアンであると、確たる根拠もなく勝手に決めつける行為は、まさに陰謀論的な言説に接近する考え方でもある。言うまでもなく、当人がどうであるかにかかわらず、出自によって差別的な言論が許されるわけはない。

その背景には、先ほども言及したように、「在日外国人、とりわけ在日コリアンは日本(人)が嫌いだから(彼/彼女らから見れば)日本の立場を貶めるような発言や主張をしている」という思考様式があると推測される。すなわち、ネット右翼やオンライン排外主義者には、在日外国人を(明確な根拠なく)「あちら側の敵」だとみなすことによって、相対的に、自分自身を「こちら側の存在=普通の日本人」に位置づけるという狙いが(意識的か、無意識的かにかかわらず)あると思われる。裏返せば、ここで言われる「こちら側の存在=普通の日本人」なら、日本に住んでいる限りは日本のことを批判せず愛するべきである、といった純粋主義的かつ翼賛的な(彼/彼女らの信じる)規範意識が示されているようである。

2 「普通の日本人」と排外主義的陰謀論

「普通」を好む日本人

前述したように、ネット右翼やオンライン排外主義者たちの一部は、自らを「保守」とは位置づけず、あくまで「普通の日本人」であると意図的に主張する。無論、ここで用いられる「普通の日本人」という自称は一部の人々に特有の表現なのだが、他方で、「私の政治的意見は〝普通〟だ」という感覚や意見自体は一般に浸透しており、必ずしも特殊なものではないように思われる。とりわけ、日常生活において、政治の話題をさほど取り上げようとしない日本の政治文化は、この「普通さ」と親和的になりやすいのではないだろうか。

たとえば、世界価値観調査（World Value Surveys）は、世界およそ70カ国近くで同じ内容の質問をする伝統的な大規模調査のひとつであるが、最近の調査結果[15]を見ると、「あなたの生活にとって政治は重要か」という質問について、日本は、77カ国中6位と極めて高い位置にある。一方で、「友人と政治の会話をする頻度」では47カ国中39位と低い位置にある。両者の結果からは、政治の役割を決して軽んじているわけではないものの、政治の話題には踏み込まないというアンビバレントな日本人像が浮かび上がってくる。日常的に他者と政治的意見の交換をしないということは、すなわち、他者がどのような政治的志向性を有しているか（たとえば、どの政党を支持しているかとか、どのくらい政府を信頼しているかなど）といった情報が入ってきにくいということである。したがって、日本は、自分自身の政治的な意見や態度が相対的に見てどのような位置にあるのかを判断しづらい社会環境にあると言えるだろう。

　あるいは一般社会においても、ことさら日本人同士のコミュニケーションでは「普通」という言葉が多く用いられる。たとえば、上司と部下の中で「普通、これくらい言わなくてもわかるだろう」というような会話はごく日常的に見られる。ここでいう「普通」とは、上司のこれまでの経験などにもとづいた認識によって形づくられた、あくまで個人の基準である。また、部下の中での基準＝「普通」とは異なるからこそ、意思疎通に齟齬《そご》が生まれたり、ときに衝突に発展したりする。別の例も挙げてみよう。他者から「あなたの考え方は少し変わっているね」と言及されたときに、「いやいや、私は普通ですよ」と返答するといった会話は、日常よく見られる場面のひとつではないだろうか。こうした例でも、やはり「普通」という基準が話者と被話者のあいだで異なっていることが、認識のズレの原因になることがわかる。このように「普通」という単語は、自分自身の意見を肯定するための、いわば「マジックワード」として機能しうる。

「普通の日本人」を可視化する

以上をふまえて、本章では、日本人の政治コミュニケーションにおいて、保守（右派）やリベラル（左派）といった客観的に位置づけられるイデオロギー位置とは異なって用いられる「普通」というマジックワード的な感覚が、陰謀論の受容とどのように関連しているのかを分析したい。この点を検証するために、筆者は、2019年3月に日本に住む1505名に行ったウェブ調査（第1章で利用したデータと同じ）において、次のような質問をした。

【質問文】

以下に示すそれぞれの意見について、あなた自身はどれくらい当てはまるでしょうか。

▼質問1　政治に関することについて、私は他の多くの日本人と同じような意見を持っていると思う

▼質問2　仲のいい友人が自分と異なる意見を主張したら、私は反論すると思う

▼質問3　「あなたは普通の人だ」と他者から評価されると、安心する

▼質問4　多くの人が疑っていないことについて、私も疑うことはしたくない

《選択肢》
そう思う（4）／どちらかといえばそう思う（3）／あまりそう思わない（2）／そうは思わない（1）／わからない／答えたくない

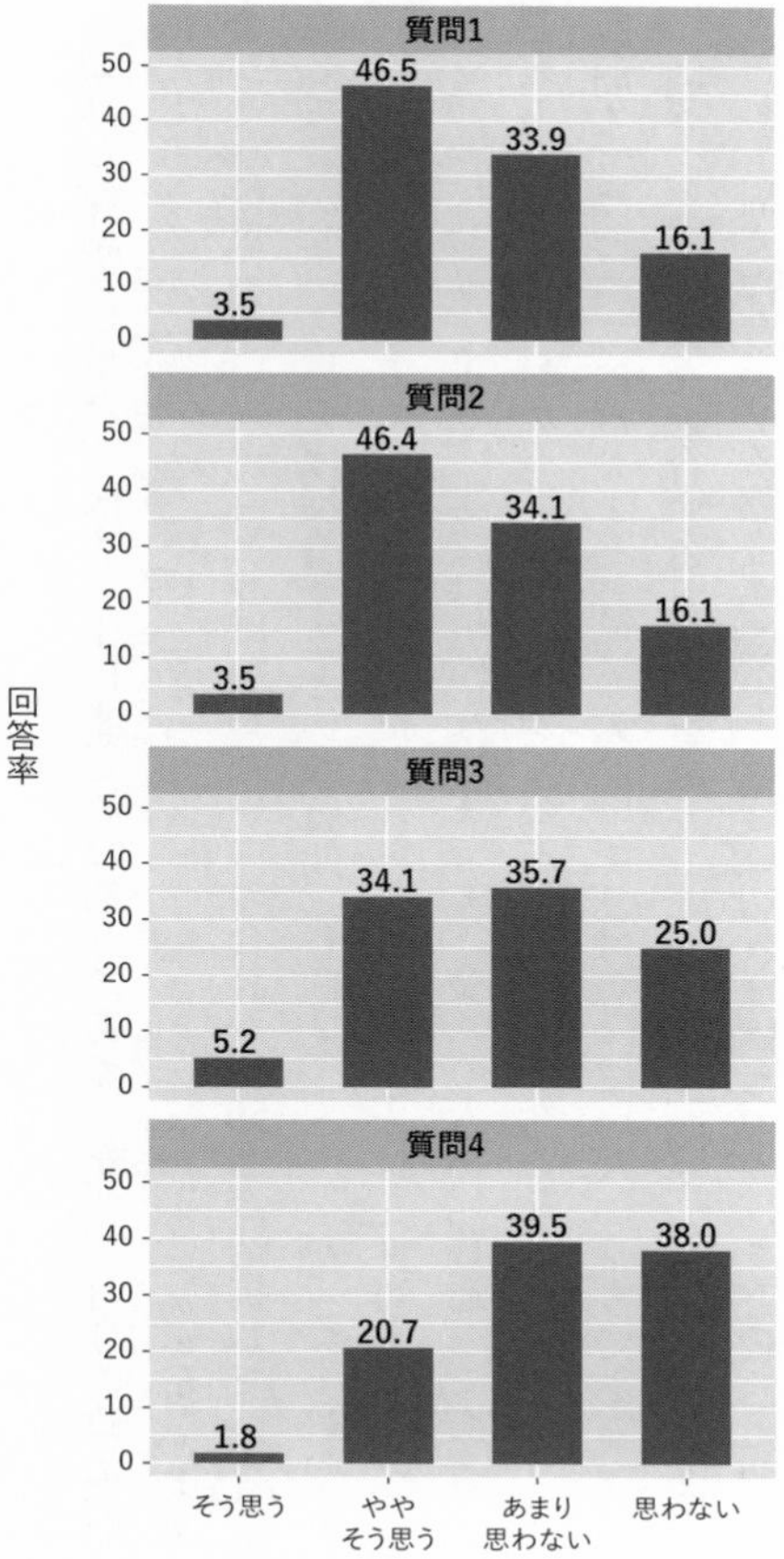

図 3-1
「普通さ」に関する回答の分布

これらの調査結果は、図3－1にまとめた通りである。まず、自分の政治的な意見が多数派だと考えるか（質問1）では、「そう思う」＋「ややそう思う」の合計がおよそ50％、「あまりそうは思わない」＋「そうは思わない」の合計も約50％と拮抗《きっこう》している。また、友人に対しておかしいと思えば反論するという質問（質問2）でも、およそ半数の人が反論すると回答している。他方で、自身が普通だと言われると安心する（質問3）という人はおよそ40％となっており、半数とまではいかないまでも、多くの人が「普通」であることに安心感を覚えていることがわかる。最後に、多くの人が疑っていないことは疑いたくないという質問（質問4）については、およそ77％の人が、そうは思っていないようである。

図3－1の結果を総合すると、一般的な「普通さ」に関する質問（質問2～質問4）では、必ずしも周りに合わせる態度が強いとは言い切れないものの、こと政治に関する質問（質問1）については、半数近くの人が「自分の政治的意見は普通だ」と考えていることがわかる。

普通自認意識

次に、「普通さ」に関する日本人の潜在意識を析出するために、前記の4つの質問について、第2章でも紹介した因子分析を行った。その結果が図3－2である。それを見ると、質

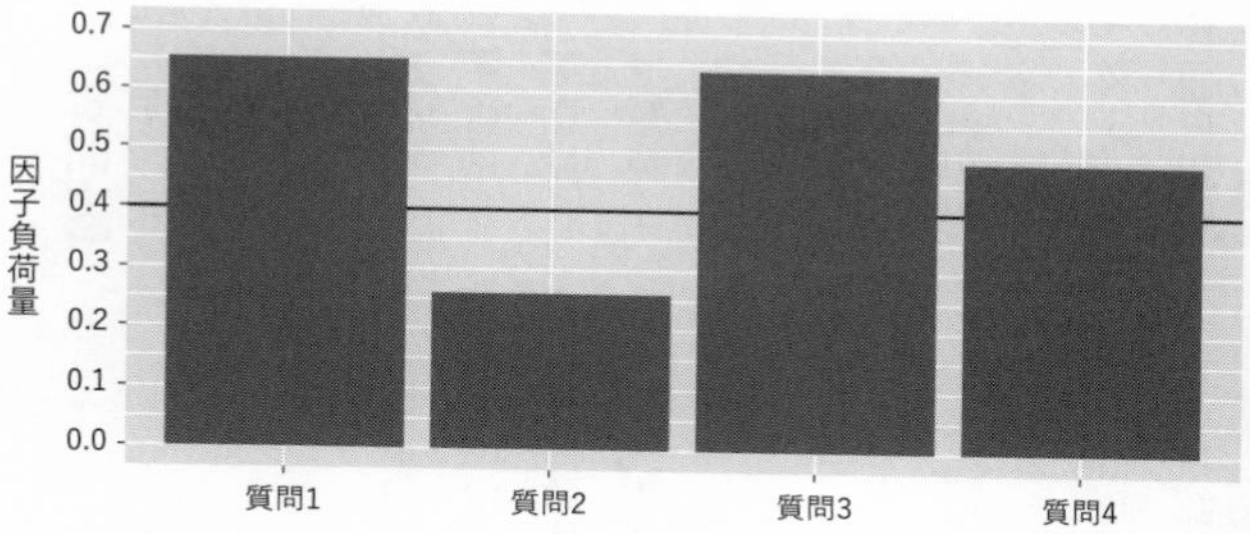

※最尤法・オブリミン回転後の負荷量を示している

図 3-2
普通自認意識に関する因子分析の結果

問２の要素だけはやや低いものの、質問１、質問３、質問４の情報量を集約した変数となっていることがわかる。この変数を「普通自認意識」と名付け、この意識の平均値（0.0352）よりも高かった人を「普通自認層」、反対に平均値よりも低かった人を「非普通自認層」に分類し、自身の政治的意見の「普通さ」に関する認識の違いが、他の政治的態度とどのように関連しているかを詳しく見てみたい。

「普通自認層」の政治的意見の特徴

まず検討したいのは、普通自認層と非普通自認層で、現実的な政治に関する認識に違いが生じているかである。ネット右翼やオンライン排外主義者たちが（同意するかは別にして）しばしば話題にしていると思われるテーマについて、下記のように尋ね、その変数との関係を確認した。

【質問文】

以下に示すそれぞれの意見について、あなた自身のお気持ちはどれくらいあてはまるでしょうか。

▼意見1　今の日本のテレビ報道はおかしい
▼意見2　今の韓国のやり方はおかしい
▼意見3　今の安倍政権のやり方はおかしい（注：調査時点では安倍政権であったため）
▼意見4　今の野党のやり方はおかしい

《選択肢》
そう思う（4）／どちらかといえばそう思う（3）／あまりそうは思わない（2）／そうは思わない（1）／わからない／答えたくない

図3－3は、普通自認層と非普通自認層における、各意見の同意度の平均値を示している。普通自認層と非普通自認層のあいだでは、各意見の平均値に一定の違いが見られるが、この

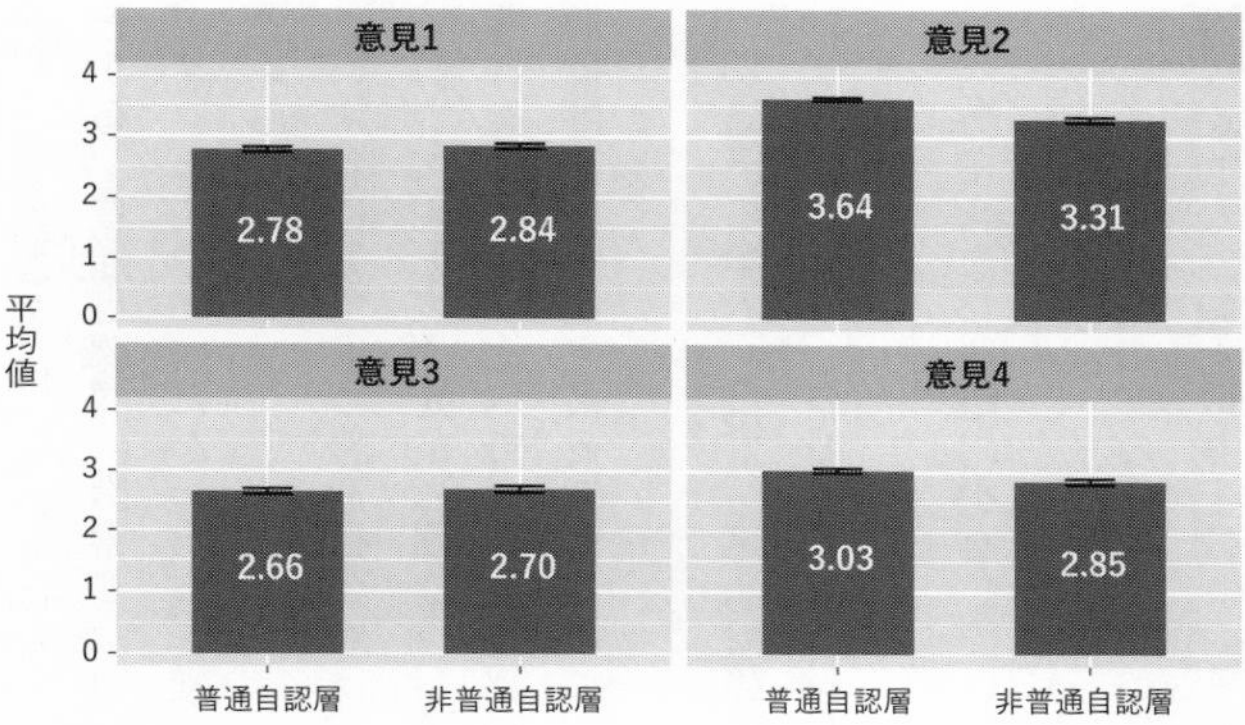

図 3-3
普通自認層と非普通自認層の意見の違い

うち、統計的に有意な「差」（5％水準）が確認できたのは意見2と意見4であった。つまり、普通自認層と非普通自認層で明確に異なる意見は、韓国に対すること（意見2）とリベラル野党に対すること（意見4）である。具体的な数字としては、普通自認層は非普通自認層よりも韓国のやり方への疑念が0・33ポイント高く、野党に対する疑念では0・18ポイント高くなっている。

反面で、ネット右翼やオンライン排外主義者たちの安倍政権に対するシンパシーやテレビ報道に関する疑念の高さについて、普通―非普通自認層のあいだではこれらの意見に差がなかった。本調査を実施したころ、安倍政権にいわゆる「モリカケ問題」（森友学園および加計学園への国有地払い下げに際して、首相夫妻が便宜を図ったのではないかという疑惑）などのスキャンダルが持ち上がっていたことから、普通自認層に影響したのかもしれない。あるいは、テレビ報道に対する疑念は、イデオロギーの如何にかかわらず誰でも感じうることであるために、差が見られなかったとも考えられる。

いずれにしても、普通自認層は、政権へのシンパシーの度合いに関係なく、韓国や、日本の野党に対して否定的な目を向ける傾向にあるということができるだろう。またそのことは、非普通自認層に比べて、普通自認層の価値観とネット右翼やオンライン排外主義者たちを特徴付けるような主張とのあいだに、一定の親和性が見られることも意味している。

「普通の日本人」と排外主義的陰謀論

図3－3より、自身の政治的意見を「普通」だと自認する人々は、ネット右翼やオンライン排外主義者たち寄りの意見を有していることがわかった。そこで次に、政治に対してこうした潜在的な心理傾向を有している普通自認層が、具体的な陰謀論に対してどのような態度を有しているのかも、より踏み込んで確認してみよう。

ここでは、先ほどの分析で差が見られた韓国や野党あるいはリベラル層にまつわるような陰謀論的な話題を取り上げて、その受容度について、普通自認層と非普通自認層で違いがあるのかを検討する。ここで取り上げる陰謀論的な話題とその受容度に関する質問は以下のような形で行った。

【質問文】
次に挙げる意見について、あなたはどのようにお考えになりますでしょうか。

▼陰謀論1　日本の左派系団体の多くは、韓国に操られている
▼陰謀論2　左派政党の議員は、韓国のために政治をしているのではないかと感じる
▼陰謀論3　マスコミはどこも韓国寄りなので信用できない
▼陰謀論4　日本には反日的な政治家や政党が多いと感じる

《選択肢》
そう思う（5）／どちらかといえばそう思う（4）／どちらともいえない（3）／あまりそうは思わない（2）／そうは思わない（1）／わからない／答えたくない

以上4つの陰謀論の受容度について、普通自認層と非普通自認層のあいだの差を示したも

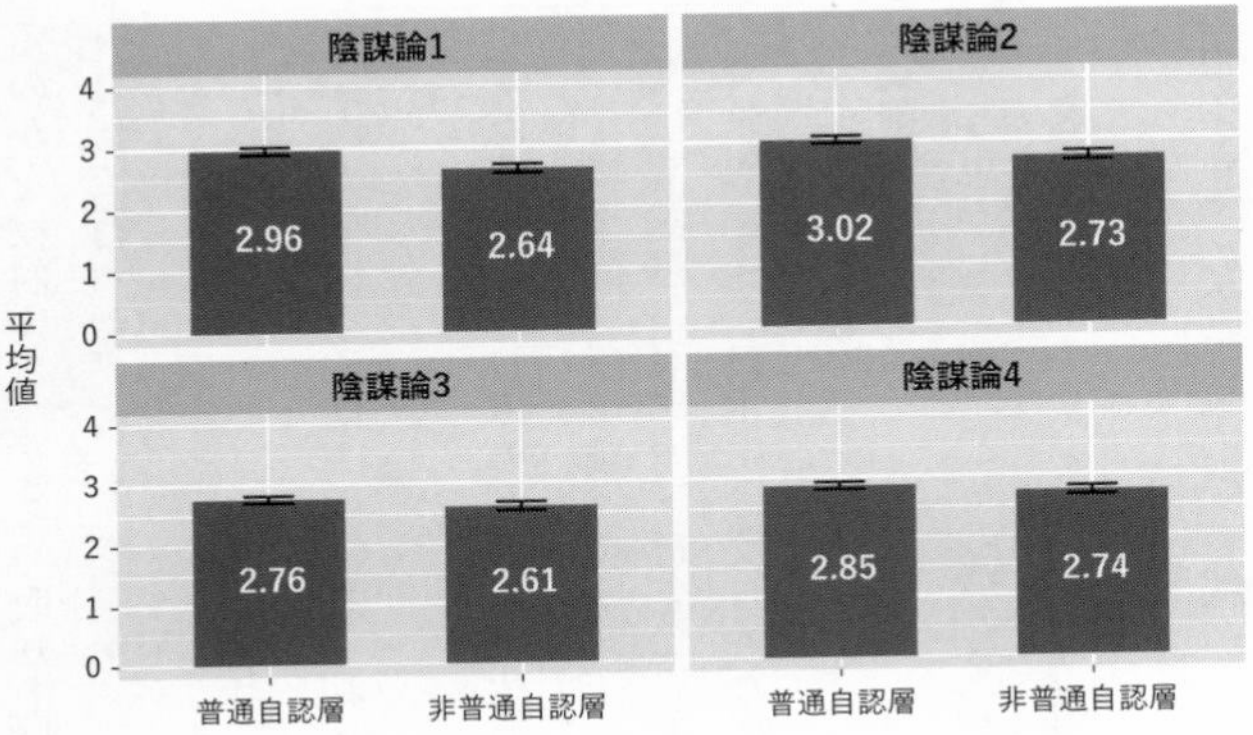

図 3-4
普通自認層と非普通自認層の意見の違い

のが図3―4である。普通自認層のほうが、非普通自認層よりも、統計的有意に高く受容している陰謀論は、陰謀論1、陰謀論2、陰謀論3であった。

まず、日本の左派系団体の多くが韓国に牛耳られているとする「陰謀論1」では、普通自認層のほうが非普通自認層よりも0・32ポイント高い。同様に、左派系議員は韓国のために政治をしているとする「陰謀論2」も、0・3ポイントほど普通自認層のほうが高く受容している。「陰謀論3」のマスコミは韓国寄りとする言説は、普通自認層は非普通自認層よりも0・15ポイントほど高い。ただし最後の、日本には反日的な政治家や政党が多いという「陰謀論4」については、両者のあいだで差は見られなかった。

さらに、これら4つの陰謀論について、全体の平均値とも見比べてみたい。というのも、「普通」という意識が「平均的」であることを意味するならば、普通自認層がどれくらい「平均」と近い感覚を有しているのかを知ることで、普通自認層が考える「普通」が真の意味での普通なのかを確認することができるからである。サンプル全体の平均値について見てみると、「陰謀論１」は２・81、「陰謀論２」では２・86、「陰謀論３」では２・64、「陰謀論４」では２・78であった（ただし、これらは欠損値を除いた平均値である）。これら全体の平均値と図３－４内の数値を見比べると、普通自認層では、すべての陰謀論で全体の平均値を上回っていることがわかる。「普通」と「平均的」を同義とする前提に反して、自身を普通だと認識している人ほど、平均から外れた意見を持つ状況になっているのである。

3 実験結果

――「普通の日本人」こそ陰謀論を信じる？

「普通の日本人」の政治心理

以上、普通であると自認する人の意見と、日本人全体の意見の「平均」が乖離するケースについて確認してきた。前節の分析を総合してみれば、自分の政治的意見が異質なものではなく、ごく当たり前のものだと考えたいがゆえに、すなわちある種の安心を得るために「普通」というラベルを用いている可能性が示唆される。

「普通」という基準は、実に曖昧である。たとえば、世論調査などの結果から得られる平均的な値も、普通自認層から見れば、その結果が自分の意見とずれていれば「普通ではない」と考えるだろう。こうした思考様式がより深化していくと、私の考えが「普通」であり、多くの人々（世論）の考えは「普通ではない」「何かおかしい」、さらに進めば、「真実を知らない衆愚」といった考え方に変質していくおそれがある。

このように、自身を「普通の日本人」とみなす感覚は、陰謀論を受容するひとつの心理的な素地になっているのではないか。この点をさらに検証するために、以下では「リスト実験」と呼ばれる、より厳密な方法を用いて、この「普通自認層」が陰謀論を受容しやすいのか、また受容しやすいとすれば、それはどの程度なのかについて詳しく見ていきたい。

「陰謀論の受容」をどう測定するか

一般に、アンケート調査や世論調査では、人々が今どのように考えているかを測定し、可視化するために行われる。言うまでもないことだが、各種の世論調査では、回答する人々は

「本音」を答えていることを前提として成り立っている。たとえば、自民党を支持する人が、世論調査で支持政党を尋ねられた際に「共産党を支持している」と回答すれば、当然ながら、世論調査は実態を反映しない結果となってしまう。無論、数千人規模の世論調査を行えば、このような回答者も中には含まれているかもしれないが、全体からすればあくまで誤差のレベルであり、大多数の人は正直に答えていると考えてよいだろう。

ただし、回答者が、世論調査において、必ずしも本音を答えてくれないようなケースも考える必要がある。わかりやすい例で言えば、もし世論調査で「あなたは現在、違法ドラッグを使用していますか」と質問されたとしよう。もし違法ドラッグ利用者がこの質問をされたとして、「はい、私は違法ドラッグを利用しています」と正直に答えるだろうか。あるいは、政治意識調査で、投票経験について尋ねたとき、「投票した」と回答している人々の割合が、実際の投票率と大きく乖離することがしばしばある。たとえば、2021年総選挙の後に明るい選挙推進協会が実施した世論調査（n＝1575）では、「投票した」と回答した人の割合は77・6％であったが、実際の投票率は55・93％である。こうした乖離が生じる理由のひとつは、政治に関心のある人だけが特徴的に世論調査に答えることによって、投票率も過大に見えてしまうバイアス（セレクションバイアスと呼ぶ）が考えられる。ただし、それと同時に、世論調査に回答した人の中に、実際には投票に行っていない（棄権した）にもかかわらず、社会的な体裁を気にして「投票に行った」と、いわば嘘の申告をしている人々がいることも知られている。[16]

「違法ドラッグの利用経験」のような真実を答えられない質問や、「有権者は投票には行くべし」といった社会全体で強い規範があるような内容の質問を行う場合、世論調査の回答者は、そのような質問に対して本心を言いづらくなり、本音を偽って、社会的に望ましいと思うほうの回答をしてしまうことがある。こうした本音を偽ってしまう回答傾向のことを、第1章でも述べたように「社会的望ましさバイアス」あるいは「社会的期待迎合バイアス」と呼ぶ。仮に世論調査の手続きに瑕疵がなかったとしても、社会的望ましさバイアスによって、調査により得られるデータやその結果が実態と乖離してしまう可能性が生じる。

さて、本書の問題意識から言って、「建前ではなく本心として陰謀論を受容しているかどうか」は重要なポイントである。それが明らかになってはじめて、陰謀論を受容している人々が全体に占める割合はどれくらいか、陰謀論受容のメカニズムはどのようなものかに迫ることが可能になる。そう考えると、陰謀論に関する調査をする上では、社会的望ましさバイアスがもたらす諸問題について、とりわけ真剣に考える必要がある。仮に、ある陰謀論を心の中では「もしかしたらそうではないか」と考えていたとしても、いざ世論調査で信じているかと聞かれたときには、社会的な体裁を気にして、その通りに回答してくれない可能性が十分にあるためである。

リスト実験とは何か

リスト実験は、前述した社会的望ましさバイアスをできる限り低減するために開発された統計的な推論方法のひとつであり、第1章で述べたサーベイ実験のやり方を応用したものである。この方法の最大の特徴は、その「尋ね方」にある。

回答者をランダムに複数のグループ（実験群）に分けて、実験群ごとに異なる質問をするという点では、一般的なサーベイ実験と共通している。ただし、リスト実験は、各実験群で尋ねる内容を変化させることによって、社会的望ましさバイアスの低減を図ろうとする点で異なる。具体的には、すべての実験群で、いくつかの意見に関するリストを提示して、そのリストの中から自分自身もそう思う（あるいはそう思わない）という項目の「個数」を選んでもらう。その上で、示すリスト内容を実験群ごとに少しだけ変化させ、ある実験群で示した意見リストが3つであれば、別の実験群ではそれに1つを加えて質問をするようなやり方で行う。

この例で言えば、元となる3つのリストを示した実験群は「統制群」と呼ばれ、統制群で示したリスト内容とまったく同一の項目に、さらにもう1つを加えた4つのリストを示す実験群は「処置群」と呼ばれる。このように、統制群と処置群では、提示しているリストの数が異なるため、もし統制群で選ばれた数の平均値と、処置群で選ばれた数の平均値のあいだに（統計的に有意な）差があるとすれば、それは、処置群に加えた1つのリストがより多くの人に選ばれたために生じたと解釈できる（ただし、より厳密に言えば、実験のデザインによってバイアスが生じることもある）[17]。

ここでのポイントは、リストで示した意見それぞれに対して「はい」や「いいえ」と回答する必要はなく、当てはまるものの数だけを答えてもらうところにある。仮にそのリストの中に答えにくい内容（すなわち、社会的望ましさバイアスが働きやすい項目）があったとしても、その設問自体に答える必要はない。単に全体の中から、「そう思う」に該当する選択肢の「個数」を答えるだけでよいので、結果的に、より本心を答えてもらいやすくなるという仕組みである[18]。

陰謀論の受容に関するリスト実験のデザイン

上述したリスト実験の方法を用いて、本節では、陰謀論が実際にどのくらい受け入れられているのかを検証していく。以下では、筆者が行った実験の具体的なデザインを説明していきたい。

【実験デザイン】

以下には、ツイッターなどのＳＮＳ上で見られる書き込みの内容を３つ示しています。これらのうち、あなたも同意できる意見や主張はいくつありますでしょうか。同意できる意見があれば、その「個数」を教えてください。（それぞれの意見について、個別にお答えいただく必要はありません）

▼ＳＮＳ上で不適切な動画などを投稿して社会的なバッシングを受ける、いわゆる「炎上」騒動が多発することは好ましくない（意見リスト１）

▼もし災害などでインターネット（ウェブ）サービスが使えなくなったとしても、さほど自分の生活に影響はない（意見リスト２）

▼国民は、個人の生活を充実させることよりも、国や社会のことにもっと目を向けるべきだ（意見リスト３）

以上は、意見リストを３つ示した統制群の場合である。処置群では、この３つに、陰謀論を加えて、同意できる意見の数を尋ねている。本実験では、以下に示す３つの種類の陰謀論を取り上げる。

▼処置群1　「政府に都合が悪いことがあると決まって北朝鮮からミサイルが発射されるのは、両政府が実は裏でつながっているからだ」（以下では「北朝鮮グル説」と呼ぶ）

▼処置群2　「政府に都合が悪いことがあると決まって芸能スキャンダルが発覚するのは、政府と大手広告代理店が実は裏でつながっているからだ」（以下、「広告代理店グル説」と呼ぶ）

▼処置群3　「安倍政権を批判する勢力は、その裏で、外国政府から人や金などの資源提供を受けている」（以下、「外国政府グル説」と呼ぶ）

これらは、筆者がツイッター上の書き込みデータを機械的・網羅的に収集して、テキスト分析した結果得られた、SNS上にある特徴的な陰謀論である。もし、これらの陰謀論が多くの人に受容されていなければ、3つのリストを示した統制群の平均値と、陰謀論を加えた4つのリストを示した処置群の平均値のあいだに差は生まれないはずである。逆に、両者の平均値に差があるとすれば、その差分が陰謀論を信じている人の割合であると解釈することができる（なお、提示するリストの順番はすべてランダムに変わるようにしている）。

分析結果

実験結果を確認する前に、そもそも陰謀論の受容に関する回答に社会的望ましさバイアスが働いているのかを検討しておきたい。実験で示した意見リストについて、直接的にどう思うかを尋ねる一般的な質問（Direct Question）の形式（DQ方式と呼ぶ）の場合の回答分布を図3－5に示した。DQ方式、つまり一般的な形で同意するかを尋ねた場合、まず、北朝鮮グル説を強く信じる人（「同意」）はおよそ2・8％、広告代理店グル説を強く信じる人は9・7％、外国政府グル説を信じる人はおよそ9・3％であった。つまり、通常の世論調査で尋ねた場合は、どの陰謀論も、1割未満の人しか信じていないということになる。

それに対して、リスト実験の結果はどうだろうか。各実験群の平均値を示したものが図3－6である。まず、統制群に対して、3つの各処置群が統計的に有意な差があるかを検証したところ、処置群1（北朝鮮グル説）は5％水準で、処置群3（外国政府グル説）は10％水準で統計的に有意であった。また、統制群との平均値の差分を見ると、北朝鮮グル説では0・24、広告代理店グル説では0・04、外国政府グル説では0・11であった。すなわち、統計的に有意な差が認められた北朝鮮グル説では、全体で24％もの人々がそれに同意を示しているのである。

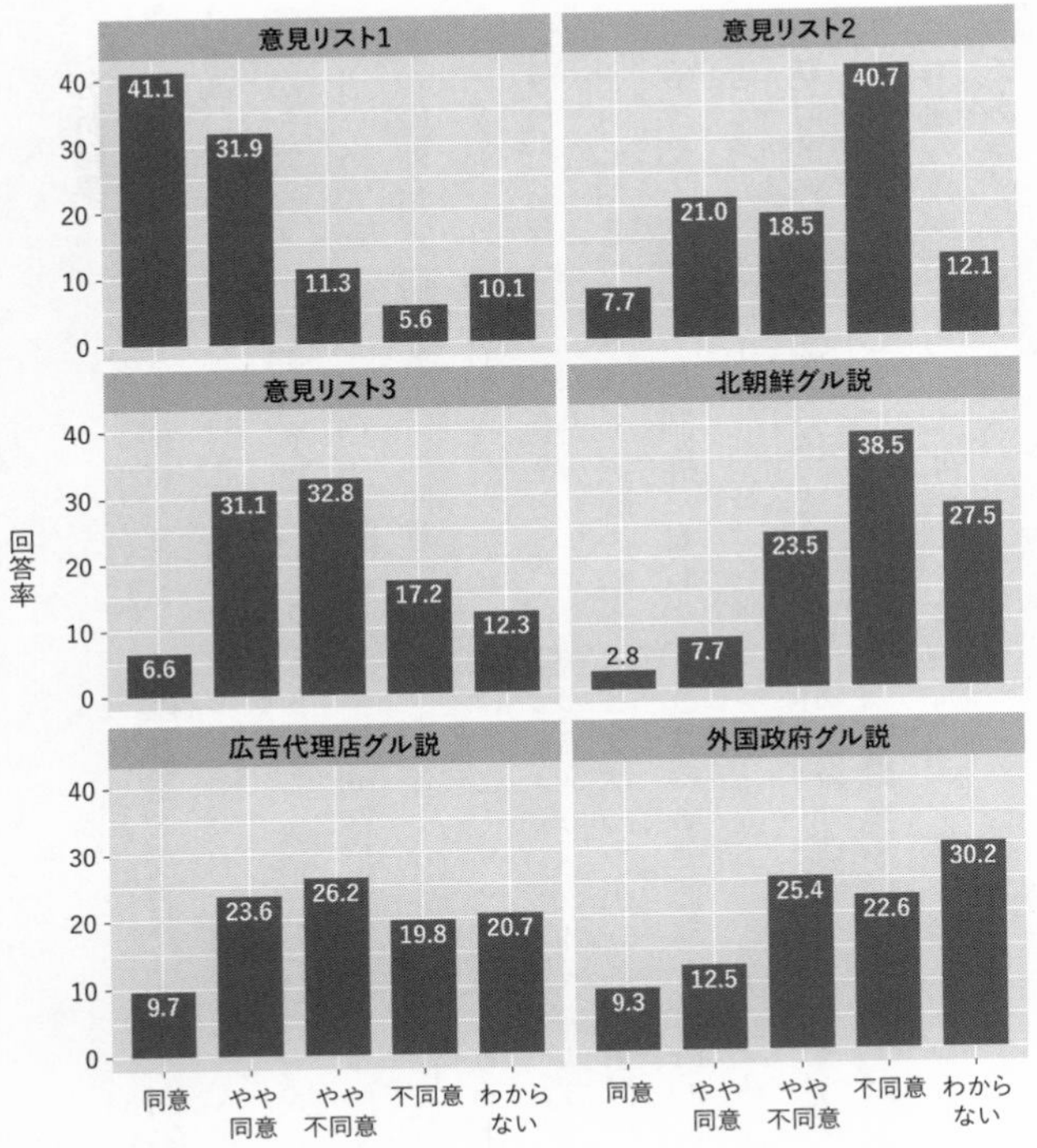

図 3-5
DQ方式での回答の分布

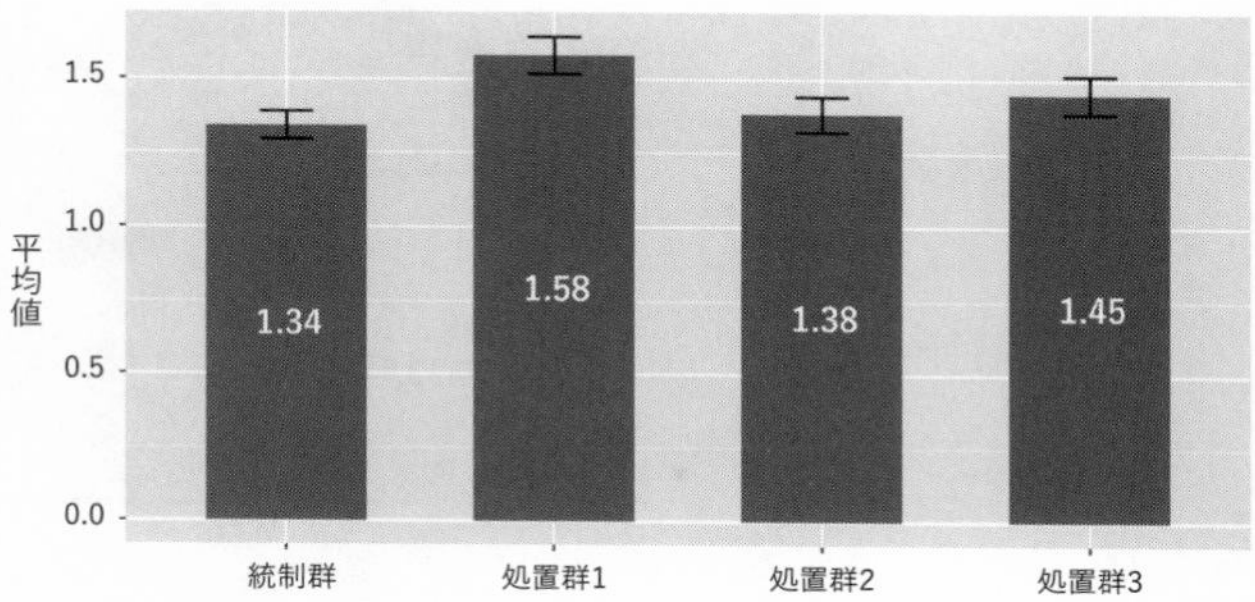

図 3-6
リスト実験の結果（平均値）

この結果は、ＤＱ方式（図３－５）に比べてかなり多いことがわかる。ＤＱ方式では、北朝鮮グル説を強く信じる人は２・８％、「ややそう思う」まで含めても10％程度であり、リスト実験の結果とのあいだには14％近くの差がある。この差こそが、建前と本音の違いによるものであり、「社会的望ましさバイアス」の影響の大きさであると考えられる。こうして導き出される、北朝鮮と日本政府が実は裏でつながっているといった荒唐無稽な陰謀論を日本人のおよそ４人に１人が信じているらしいという結果は、なかなか衝撃的なものではないだろうか。

普通自認層の陰謀論受容

以上の分析は、あくまで全サンプル（回答者全体）を対象にしたものである。では、本章の主たる関心である「普通自認層」は、これらの陰謀論を受

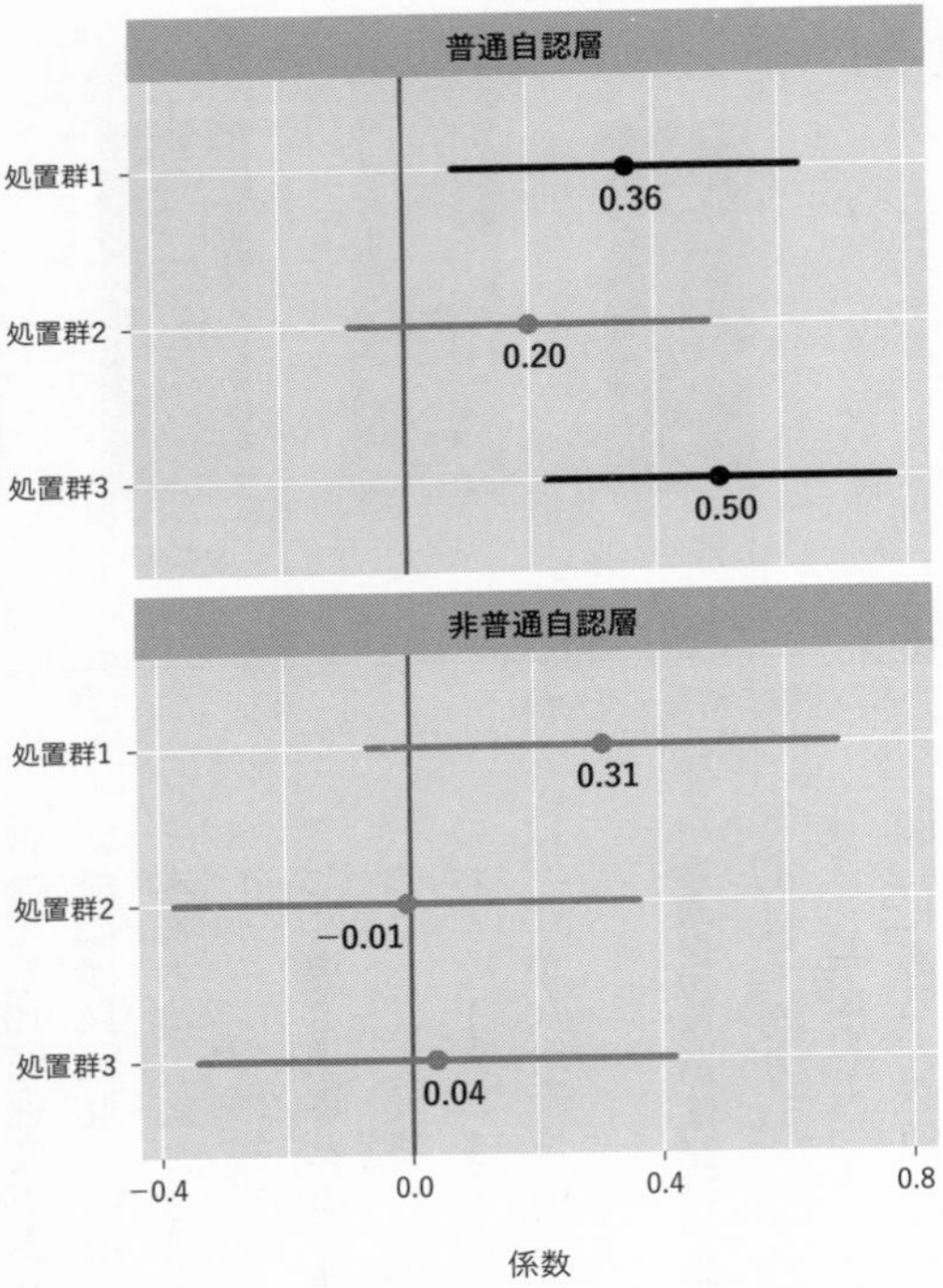

図 3-7
普通自認層と非普通自認層における陰謀論の受容

容しやすい傾向にあるのだろうか。

この点を検証するために、普通自認層と非普通自認層のそれぞれにサンプルを分割した上で、リスト実験の結果をアウトカム変数（結果）に、実験群（以下では、統制群と比べたときの処置群の効果）を説明変数とし、性別などの要因も念のために統計モデルに投入した上で、最小二乗法で推定した結果が図３－７である（図の見方はこれまでと同様）。

図３－７の結果より、全体的に、普通自認層は非普通自認層よりも陰謀論を受容しやすい傾向にあることがわかる。普通自認層では、北朝鮮グル説（処置群１）と外国政府グル説（処置群3）について、５％水準で統計的に有意な結果が示された。それに対して、非普通自認層では、どの陰謀論も統計的に有意な結果とはなっていない。したがって、広告代理店グル説を除く２つの陰謀論は、主に普通を自認する層において特徴的に信じられていると言える。

さらに、各陰謀論を信じる割合を見ると、普通自認層において北朝鮮グル説を信じる人の割合はおよそ36％、外国政府グル説ではおよそ50％に達している。図３－５で示した回答者全体でそれぞれの陰謀論を信じている人の割合と比べても、普通自認層のほうが、とくに強く陰謀論を受容しやすい傾向にあることがわかる。自分自身を「普通」だと自認している人こそが、陰謀論に巻き込まれやすい傾向にあると言えるだろう。

4 小括
――「普通の日本人」における陰謀論受容のメカニズム

本章のまとめ

本章では、「普通の日本人」と自認する人々が、どのように／どの程度、陰謀論の受容と関連しているのかについて検討してきた。一般的には、ネット右翼やオンライン排外主義者たちは、伝統的なイデオロギー軸上でいう「右」あるいは「保守」に位置づけられると考えられる。しかし、その当事者の一部は、自らの政治的立場を右や保守と位置づけることを嫌い、むしろ、自身の意見こそが「普通」である（言い換えれば、世論や他者こそが「おかしい」のだと考える）傾向にあることを説明した。

また、このように、自分自身の政治的意見の「普通さ」を信じる傾向は、ネット右翼やオンライン排外主義たちだけではなく、世論全体においても共通していることを世論調査データより明らかにした。さらに、自分自身の政治的意見は普通だと考える「普通自認層」の政治心理的な特徴を検討したところ、「非普通自認層」に比べて、ネット右翼やオンライン排外主義者と親和的な態度を持ち合わせている傾向が明らかになった。

最後に、インターネット上でしばしば観察される3つの陰謀論（北朝鮮グル説・広告代理店グル説・外国政府グル説）の受容について、リスト実験を用いてより厳密に検証した結果、日本人全体ではおよそ4分の1の人々が北朝鮮グル説を受容しており、「普通自認層」に限定すれば、その割合が36％まで増加することがわかった。また、外国政府グル説についても、普通自認層に限定すると、およそ半数がそれを受容していることが明らかになった。

普通自認層の陰謀論受容

これまでも述べてきたように、一部のネット右翼やオンライン排外主義者たちは、自分たちを「保守」とか「右翼」と位置づけられることを嫌い、自らを「普通」だと自称する傾向にある。しかし、この「普通」という定義の中身は、極めて曖昧である。つまり、何が「普通」で、何が「普通でない」かは、人それぞれで異なる。一方で、「普通」という言葉が秘める説得力は確かに存在する。仮に、ネット右翼たちが「普通」であり、そうでない人たちが「普通ではない」という言説がまことしやかに広められ、多くの人が信じたとすれば、彼／彼女らの主張する陰謀論的な言説こそが説得力を持ち、それに対抗する言説のほうがむしろ社会的に「おかしい」とみなされてしまいかねない。

もっとも、このような傾向が、単にネット右翼やオンライン排外主義者のような、世論のごくひと握りの人にのみ見られるのであれば、さほど問題視しなくてもよいのかもしれない。しかしながら、本章で示したように、世論のおよそ半数の人が自分の政治的意見が普通であると考えており、さらに、そうした普通自認層がネット右翼的言説と親和的で、かつ陰謀論をより受容しやすいのだから、より真剣な検討に値するテーマだと見るべきではないだろうか。

ここであらためて「普通」の定義を辞書で調べてみよう。デジタル大辞泉では、「特に変わっていないこと。ごくありふれたものであること。それがあたりまえであること。また、そのさま。」とある。つまり、世論の半数の人々は、自分の政治的意見はとくに変わっていない、ありふれた、当たり前のものだと考えていることになる。

自身の意見が「普通」かどうかを判断するためには、他者の意見と比較し、相対化することが重要だろう。しかしながら、日本の政治文化は、伝統的に「政治に関わりたくない」意識（政治忌避意識）が強いと言われる。[19] つまり、政治に関する話題を友人や同僚と話すことを嫌い、仮に政府に不満を覚えても、デモや署名などの抗議活動にはつながりにくく、せいぜいSNSで「政治家はバカばっかりだ」とつぶやくくらいの人も多いのが実状である。こうした日本の政治文化的な背景が、他者の政治的意見と比べる機会を少なくさせている。それゆえ、日本は、自分の意見がどれくらい一般的なものなのかを検証することが難しい国になってしまっていると言える。

そのように考えると、私たちは時々「普通」のレールから外れ、少し俯瞰的な見方に立って自らの政治的意見の位置を振り返るべきなのだろう。そうしたほんの少しの内省こそが、結果的に、陰謀論から距離を置くことにもつながるはずである。

第4章

「リベラル」の陰謀論
——政治的少数派がもたらす誤認識

1 リベラル派と陰謀論の「複雑な関係」

リベラル層と陰謀論

前章で見たように、ネット右翼やオンライン排外主義者たちに代表される右派的な陰謀論は、排外主義とつながったり、極端なナショナリズムとつながったりすることへの危惧から、とくに問題視されやすい。海外の先行研究を見ても、政治的な立場として右派寄り（保守）のアメリカ共和党支持者のほうが、左派寄り（リベラル）の民主党支持者よりも、陰謀論を信じやすい傾向にあることも知られている。[1,2] その背景にあるのは、権威主義的な意識だとされる。権威主義的な心理傾向は、しばしば攻撃性につながったり、伝統や慣習に服従的になりやすかったりすると指摘されるのである。[3]

一方で、右派とは政治的立場を異にする、左派ないしリベラル派と陰謀論のつながりについてはどうだろうか。一般に、左派やリベラル派の政策態度は、移民（外国人）や貧困層、障碍者など、社会的な弱者の保護に前向きであったり、ジェンダー平等をはじめとする人権問題にもセンシティブであったりと、右派や保守派のそれに比べて「寛容」な姿勢を有するとされる。こうした前提に立てば、左派やリベラル派は、排外主義的な言説に否定的な立場ということになる。とりわけ右派的な陰謀論に対しては、その問題点を提起する側の役回りになることも多く、左派・リベラル派と陰謀論とのつながりは注目されにくい。

このように、左派における陰謀論の受容について考える機会は、右派の場合に比べて相対的に少ない。ただし、本書の理論的な基盤となる「動機づけられた推論」の観点から言えば、必ずしも左派・リベラル派が陰謀論と無縁というわけではない。

反米意識と陰謀論的レトリック

実例にもとづいて議論しよう。日本の左派を特徴づける態度のひとつとして、アメリカの帝国主義的な側面を嫌悪する、いわゆる「反米志向」が挙げられる。そうした反米志向を強く持つ人々のあいだで、「真偽の検証が不可能な言説」が語られてきた例がある。その例のひとつが、「日米合同委員会」をめぐる議論である。

日米合同委員会は、日本とアメリカの実務家トップにより、定期的に日米地位協定の運用方法を検討するために設置された会議体である。この委員会で議論される内容は、軍事政策だけでなく、農林水産関係や土木・道路事業にまで及ぶ。もっとも、日米合同委員会の存在自体は外務省が公式に発表しており、「秘密組織」というわけではない。しかし、そこでの合意事項は拘束力を持つ一方で、協議内容は（原則）非公開であり、日米両国の合意がなければその合意事項が公表されることもないという特徴がある。さらに、外務省の発表によると、日本側の代表はアメリカ関係の行政を司る外務省北米局長、アメリカ側の代表は在日米軍司令部副司令官となっており、それ以外の参加者もごく少数の「政府高官」である点も見逃せない。こうした「秘密裏に行われる政治的合意」は、陰謀論を作り出す材料になりうる。たとえば、ジャーナリストの吉田敏浩は、自著『「日米合同委員会」の研究』において、日米合同委員会を以下のように紹介している。[4]

その組織が、何十年にもわたって隔週の木曜日ごとに都心の米軍施設や外務省の密室で、日米地位協定の解釈や運用について人知れず協議を重ね、米軍の特権を維持するために数知れぬ秘密の合意＝密約を生みだしている。しかもそれらの密約は、日本国憲法にもとづく日本の国内法（憲法体系）を無視して、米軍に治外法権に等しい特権をあたえている。

もちろん、ここで陰謀論が開陳されていると非難したいわけではないが、以上の記述に含まれる「特権」「密室」「人知れず」「秘密の合意」といった単語が、陰謀論のレトリックに共通して見られるものであることに注目してもらいたい。

日米合同委員会に対する疑義は、実際に国会でも質問が行われている。たとえば、社民党の照屋寛徳が、1999年4月の通常国会において、「在日米軍基地の運用及び管理について、日米合同委員会は米軍主導、米軍本意に決定してきたと批判せざるを得ない」と指摘している。[5] ただし、国際政治学者の山本章子によれば、日米合同委員会に日米政府間の新たな合意を決定する権限はなく、正式な閣議決定や通常のプロセスによる政府代表者同士の合意が別途必要になるため、その場で「密約」が結ばれることはない。[6] 外務省の公式ウェブページにも、「日米合同委員会は、日米地位協定の実施に関する協議機関です。日米合同委員会における協議を経た合意事項は、そのほとんどが施設・区域の提供、返還等に関する事項であり、従来より、米側との協議の上で、その全文又は概要を公表してきています。今後とも、日米合同委員会での合意についての公表に努力していきたいと考えています」と説明されている。それでも、とくに反米志向の強い人々のあいだでは、未だ日米合同委員会を「悪の巣窟」と捉える見方は根強い。

動機づけられた推論では、右か左かを問わず、何らかの信念を持つこと自体が陰謀論を引き寄せる呼び水になっていると考える。こうしたメカニズムに忠実な研究の中には、先ほど述べたような権威主義的な意識を持たずとも、陰謀論的信念を持つことはありうるとの主張もある。[7]すなわち、陰謀論は必ずしも「右派の専売特許」というわけではなく、自らの信念と共鳴するような陰謀論であれば、左派・リベラル派の側であっても、それを受容する素地があると考えられる。

イデオロギーと陰謀論を媒介する「政党」

右派・左派にかかわらず、ある特定のイデオロギーを持つことが陰謀論の受容につながるという「動機づけられた推論」のメカニズムを考えるとき、当該のイデオロギーを代表する政党への支持態度は極めて重要な意味を持つ。

たとえば、二大政党制の国、とりわけアメリカでは、政治的イデオロギーとしてリベラル（左）側に位置すると考える人は民主党支持者（Democrat）、保守（右）だと自認する人は共和党支持者（Republican）というわかりやすい関係にある。そのため、政党とイデオロギーを弁別することなく、ほぼ一体であるとみなしやすい。

それに対して、多党制の日本におけるイデオロギーと政党の関係は（少なくとも二大政党制の国に比べて）かなり複雑である。たとえば、イデオロギー的に右（保守）寄りの人の場合は、その支持態度に強弱はあるにせよ、実質的に自民党が代表的政党としてほぼ独占状態にあるものの、近年では、日本維新の会や国民民主党も保守的なイデオロギーの政党とみなされる傾向にある。そして、それよりも理解が難しいのが、日本における左派・リベラル派と、それを代表する政党との関連である。というのも、周知の通り、左派側の政党は右派側の政党（自民党）に比べて分裂的であり、多党化している。具体的に言えば、リベラル系の政党として、最大野党の立憲民主党をはじめ、共産党、社民党、れいわ新選組などの政党が林立している。また、国民民主党や日本維新の会は、右派的な政策ポジションにあるように思われるが、あくまで「野党」であり、前述したリベラル系政党の中に位置づける人も少なからず存在する。このように、「右派でない」野党が分裂していることは、単純に「左派・リベラル派と言えば○○党を支持する」といった単線的な関係を成り立ちにくくしている。

左派政党とイデオロギーの複雑な関係

具体的な議論に進む前に、イデオロギーと支持政党の複雑な関係を確認するために、筆者が2022年2月に、楽天インサイトのパネルモニター全国の男女1729名を対象に実施したウェブ調査を使って、両者の関係を確認しておきたい。[8]

近年の研究では、世代によってイデオロギーの捉え方が異なることが知られている。[9] 具体的に言えば、若い世代は、維新の会のイデオロギーを「革新」と捉えていたり、共産党を

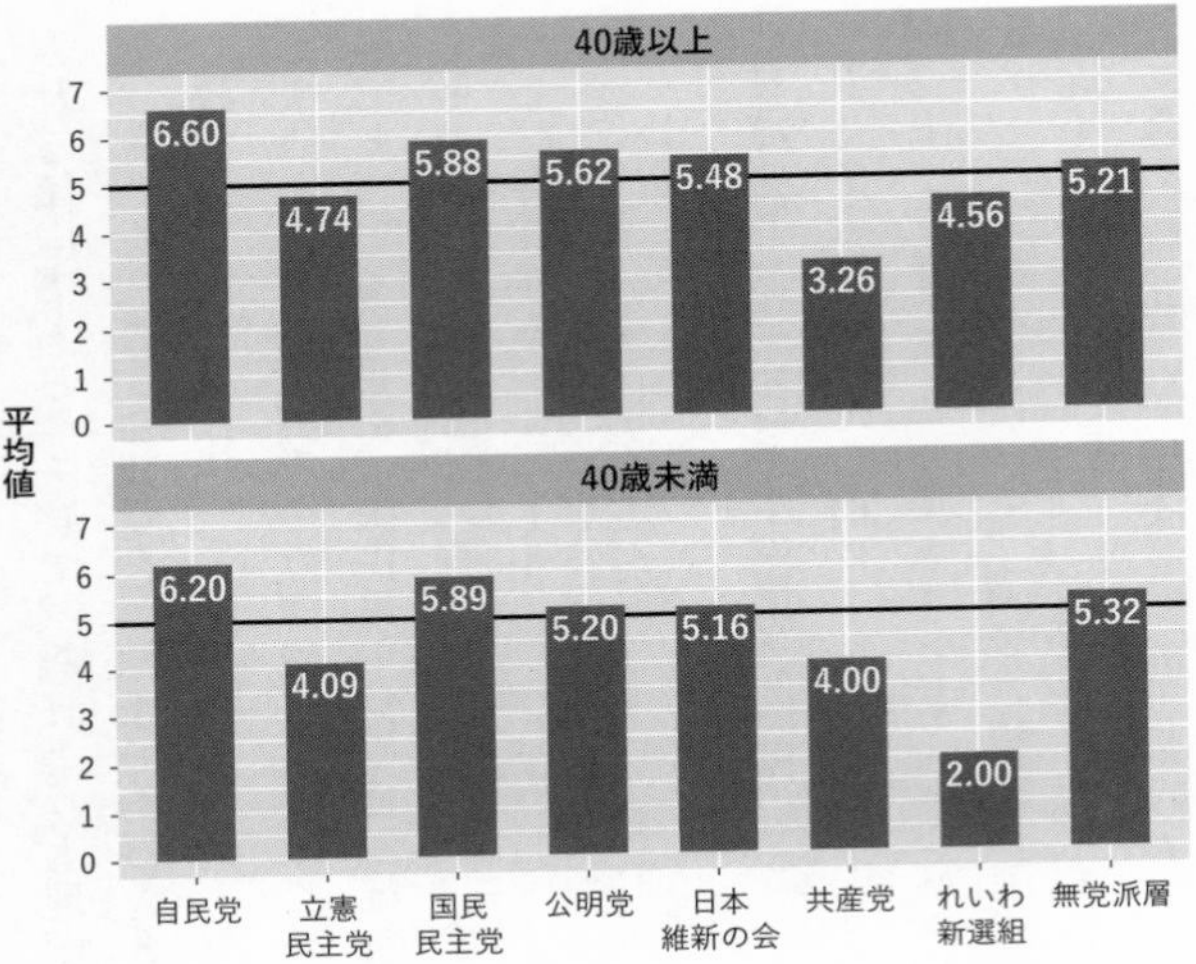

図 4-1
支持政党層ごとのイデオロギーの関係

「保守」だと考えていたりするようである。そこで、このような世代によるイデオロギーのねじれがある（つまり、若い世代では、一般的な保守と革新の意味で回答していない可能性がある）ことをふまえて、以下では、40歳未満と40歳以上にそれぞれ分けて検討することとした。

　本調査では、自分自身の政治的なイデオロギーについて、中道であれば5を、最も左派（リベラル）だと思うならば0、最も右派（保守）だと思うならば10とした場合に、0〜10の中で回答者自身はどこに位置するかを尋ねている。図4―1は、支持政党ごとに、このイデオロギー平均値を、40歳以上／40歳未満で示したものである。つまり、縦軸上のイデオロギーの値が5（中道）より高いほど右派（保守）的であり、5より低いほど左派（リベラル）的であることを意味している。

図4－1より、世代にかかわらず、自民党は保守的な有権者が多く、連立与党である公明党の支持層も比較的保守寄りであることがわかる。それに対して、野党群では、基本的には左派・リベラル派の支持層が多いことがうかがえるものの、必ずしもその関係は一定ではない。たとえば、立憲民主党は中道左派的な支持者が多く、共産党、れいわ新選組はそれよりもさらに左派的な支持者が多いのに対して、日本維新の会や国民民主党は、中道右派的な支持者が多い（ただし、れいわ新選組については、世代によって捉え方が大きく異なるようである）。

図4－1の結果をふまえると、「日本の左派」について議論する場合には、日本維新の会や国民民主党を除く野党支持者を「左派」としてひとまとまりに捉えるほうが、より見通しが良くなると言えるだろう。そこで以下では、日本維新の会と国民民主党の支持者を除く、立憲民主党・共産党・社民党・れいわ新選組の支持者ないし投票者を（リベラル系）野党支持者／投票者と定義して、検討を進めたい（社民党は支持者数が少ないために図4－1中では割愛している）。

野党支持であることがもたらす意味

イデオロギー的に左派・リベラル派という特徴を有する野党支持者であるが、とりわけ近年の日本政治において「野党」を支持することは、政治そのものへの疑念に結びつきやすい。2012年の第二次安倍政権の誕生以降、民主党を源流とするリベラル野党は選挙で苦杯をなめ続けている。民主党自身、2016年には民進党に名称変更したのち、2017年衆院選挙の際に、希望の党と立憲民主党に分裂し、さらにその後、希望の党を源流とした国民民主党が新たに誕生したかと思えば、国民民主党の大部分と立憲民主党が再び合流して新しい立憲民主党となるなど、分裂と統合を繰り返している。この間の野党の離合集散が、選挙でポジティブな影響をもたらしたことはほとんどなく、いわゆる「自民一強」の状況は少なくとも2022年現在でも変わらず続いている。[10,11]

一般に、選挙で敗者になった側が選挙結果を受け入れて、敗者として勝者の側が構成する政府を「正統なもの」と認めることを「敗者の合意」と呼ぶ。[12] 民主国家では、敗者（結果としての野党投票者）の合意がなければ、選挙で勝利した側の政党が政府を構成したとしても、国や地域全体での政府の正統性を見出せず、結果的に民主的な統治を困難にしてしまう。2020年のアメリカ大統領選の結果をめぐる混乱は、まさに「敗者の合意」の欠如が生んだ典型例のひとつである。周知のように、この選挙では、共和党候補で現職のドナルド・トランプが再選に挑み、民主党候補のジョー・バイデンに敗北を喫した。通常、アメリカの大統領選挙では、選挙に負けた側の候補者は「敗北宣言」を行い、自身の支持者に対しても、勝利した側の候補者(つまり新しい大統領)を受け入れ、協力するように促す演説を行うことが慣例となっている。しかし、トランプは、投票が締め切られた直後から、この大統領選挙では郵便投票などの選挙制度上の不備があったと指摘し、「本当の勝者はトランプである」という陰謀論を主張しはじめた。また、一部の熱狂的なトランプ支持者たちが、まさにこの陰謀論を信じた結果、最終的にアメリカ議事堂を襲撃するまでに至ったことは記憶に新しい。それが事実であっても、その候補者を応援する熱意や信念をより強く持っている支持者ほど、(トランプの支持者に限らず)自身が応援してきた候補者が負けたという選挙結果は、にわかには受け入れがたいものである。[13]

話を日本の文脈に戻すと、「自民一強」下の政治状況にあっては、「野党」を支持する人々は、そのほとんどで「選挙での敗者」となっている。たびたび敗者となることによって、どれだけ選挙を続けても勝つ手応えが得られなければ、「敗者の合意」も得にくくなるだろう。つまり、リベラル派の人々は、選挙のたびに、選挙に勝つ見込みがなくても(リベラル系)野党に投票せざるを得ない状況に置かれていると言うことができる。まるで、選挙というものが、自分の政治的意見が常に少数派であることを自覚させる装置と化してしまっているよ

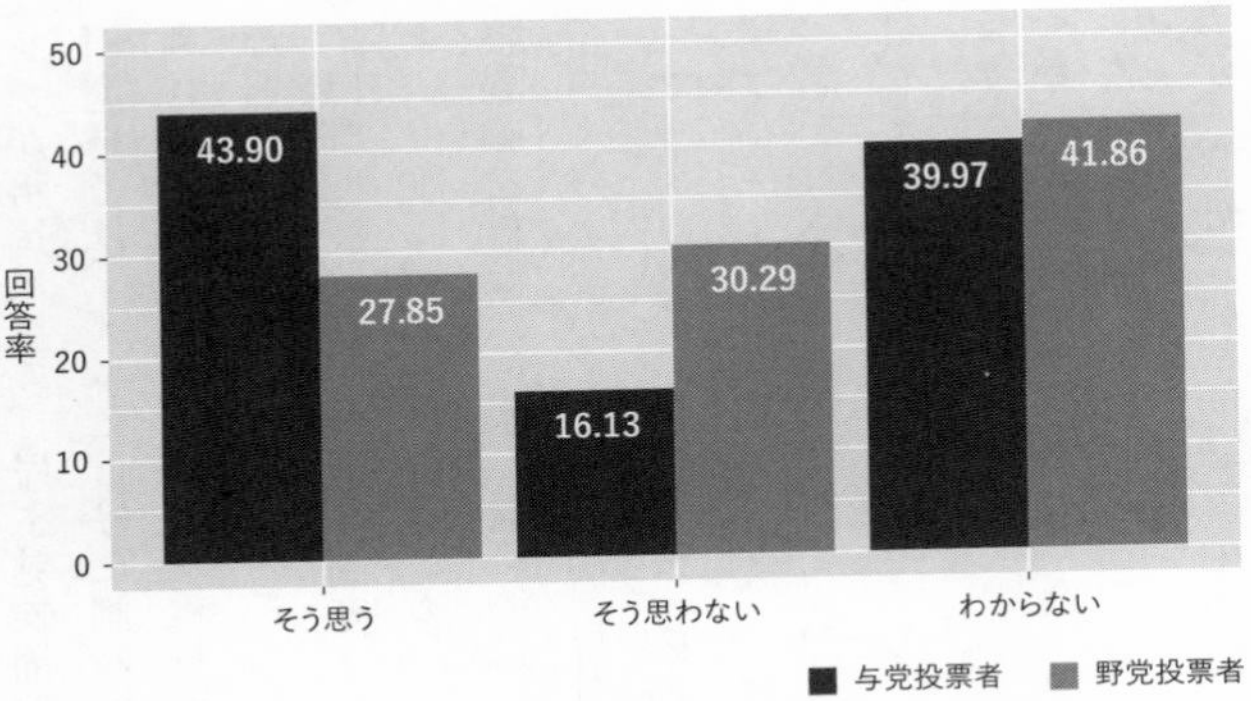

図 4-2
与党投票者と野党投票者における選挙不正認識の違い

うな状況と言えよう。

こうした選挙のたびに感じるネガティブな感覚が積み重なると、選挙という仕組みやあり方そのものに対する見方にも負の影響を与えうる。たとえば、政治学者のエデルソンらの研究では、選挙で敗北した側の支持者は、勝者側の支持者に比べて、選挙で何らかの不正があったと考える割合が高いことを明らかにしている。[14]

そこで、日本でも同様の状況が生じているのかを確認してみたい。ここでは、２０１７年衆院選の際に明るい選挙推進協会が実施した世論調査（ｎ＝２１５５）を使って検討する。[15] 同調査では、「昨年10月（筆者注：２０１７年10月）の衆院選は、全体として不正のないきれいな選挙が行われたと思いますか」という質問に対して、「そう思う」「そう思わない」「わからない」の選択肢が用意されている。この質問への回答を使って、与党投票者と野党投票者でどれくらい相違があるか分析したものが、図4－2である。

図4－2より、選挙に不正がなかったと考える与党投票者は43・9％であるのに対して、野党投票者では27・85％と16ポイントほどの差がある。逆に、選挙に不正があったのではないかと考える人の割合では、与党投票者では16・13％であるのに対して、野党投票者では30・29％と2倍近い。これらの結果からも、野党投票者は、与党投票者に比べて、選挙そのものに対する疑念を覚えている可能性が高いと言える。

野党側から見た陰謀論のわかりにくさ

前述したように、とくに海外の研究では、しばしば政治イデオロギーとしての左派・リベラル派は、右派・保守派に比べて陰謀論を受容しにくく、また民主的な政治制度のあり方に肯定的な傾向にあることが指摘されてきた。それに対して日本では、イデオロギーを表現する主体としての政党、とくにリベラル層が支持する野党が長期的に厳しい選挙結果を強いられている状況にあることによって、野党支持者においても、選挙などの政治制度に疑念を覚えやすくなっていると考えることができる。まさに2020年のアメリカ大統領選で一部の共和党支持者に見られたように、選挙結果を受け入れることができないために認知的不協和の状態に陥り、自分の中の葛藤を解消するために陰謀論に走るというメカニズムの条件が整っているということになる。

また別の視点として、野党支持者たちが発信する陰謀論的な言説には、右派が発する陰謀論に比べて、それを一見して陰謀論であると判定しにくいという性質がある。とりわけ野党支持者は、しばしば政府を批判する言説を展開するが、その言説が「正当な批判」なのか「陰謀論」なのかは見分けづらく、ときに混在していることがある。

図4−3は、野党支持層における政府批判のレトリックを類型化して示したものである。先述のように、野党支持者による政府批判には、「正当な政府批判（A型）」と「陰謀論的な政府批判（B型）」が混在している「混合型の政府批判（AB型）」も含まれる。AB型の政府批判は、取材結果などにもとづいて左派系の新聞などが発表するA型の政府批判を受けて、その情報の消費者である熱心な野党支持者が、いわば「無理やりな解釈」（B型）を行い、それらが拡散し、入り交じる形で生まれる。こうした日本の野党支持者における独特な構造は、虚実が入り乱れることから、「野党支持者の中の陰謀論」を考えることを困難にしてしまう。他方で、政権与党と野党が固定化されている状況下では、政府支持者から「それは陰謀論だ」というレトリックで（A型の要素を捨象して）政府批判がすべて封じられてしまうおそれもあり、その点も社会的な捉え方を難しくする要素のひとつと言えるかもしれない。

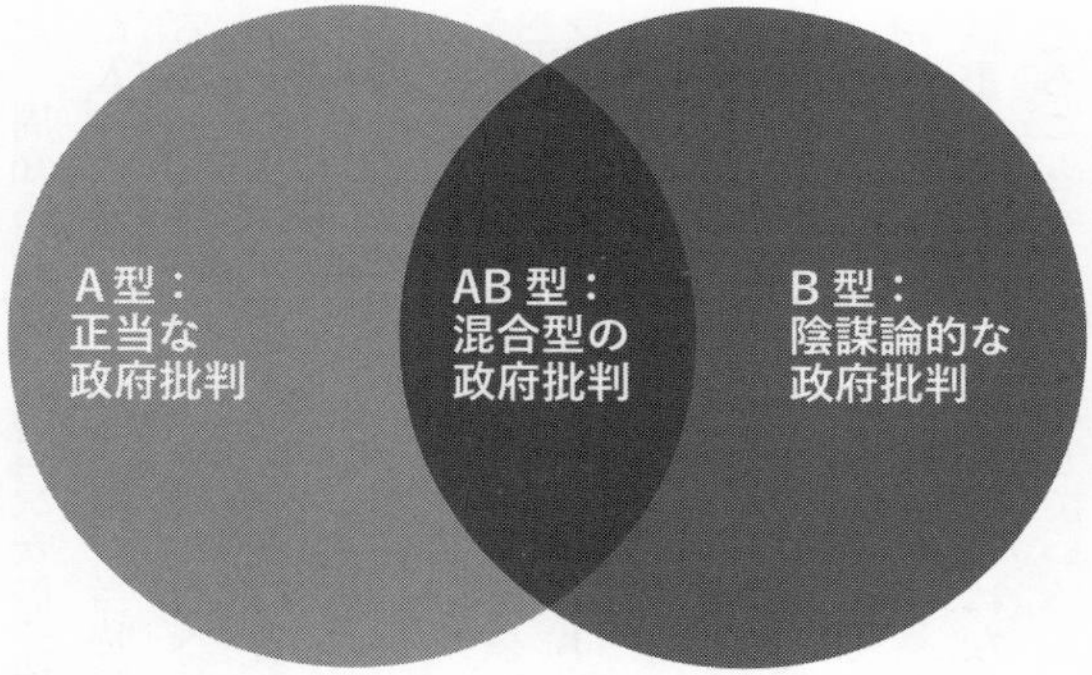

図 4-3
政府批判のレトリックと類型

このように、右派の陰謀論が排外主義や差別主義など、規範的・道徳的な問題と結びついているので「わかりやすい」のに対して、とりわけ野党支持者が発信する陰謀論的な言説を分析するためには、個々の言説ごとに慎重に検討する必要がある。

2 選挙結果を変えたい人々の欲求――歪んだ選挙制度に関する陰謀論

政治的敗北と陰謀論

これまで述べてきたように、現在の野党支持者は多くの選挙で敗北を喫しており、それによって虚実入り乱れた言説（図４－３におけるＡＢ型）を信じやすい状況下に置かれている可能性がある。

とりわけ、第二次安倍政権下の保守派とリベラル派の対立では、そうした兆候が顕著であった。周知の通り、第二次安倍政権は保守的な政策を進めただけでなく、自身の演説を妨害した人々に対して安倍首相（当時）自身が「あんな人たちに負けるわけにはいかない」と応じるなど、積極的にリベラル派への対立姿勢をアピールしてきた。こうした状況を鑑みると、とくにリベラル系の野党支持者から見れば、安倍政権あるいは安倍晋三という個人こそが対立する「保守」の象徴であり、「敵」のアイコンとして映っていたと考えてもおかしくないだろう。

野党支持者にとっては、選挙で敗北を喫するのみならず、その「政敵」である与党・自民党から直接的に「攻撃」を受けることで、自民党や政府に対して、より怒りを覚えやすくなる。こうした心理について、海外の研究でも、（イデオロギーに関係なく）政治的敗者側になると、より陰謀論を信じたり、自ら広めたりすることが知られている。たとえば、政治学者のジョセフ・ウシンスキーらは、1890年以降のニューヨーク・タイムズ紙の編集部に寄せられた投書の内容を分析し、共和党大統領の時代には、共和党や大企業の陰謀に言及する投書が増え、民主党大統領になると、今度は民主党や社会主義者の陰謀論を唱える投書が増えることを明らかにしている。[16] このように、政治的敗者となること自体が陰謀論を引き寄せる動機となっているという分析は、図4－2の結果とも整合的である。

野党支持者における政治制度への疑念

それでは、選挙で苦杯をなめ続けている野党支持者は、どのような陰謀論を信じやすいのであろうか。ここまでの議論を総合すると、保守派に見られたような個別具体的な対象（たとえば「韓国」や「野党」）に関する陰謀論よりも、さらに広い対象、すなわち民主主義を支える選挙や政党など、政治の仕組みそのものに関する陰謀論を受容しやすいと考えることができる。そして、ここでキーとなるのは、政治に対する「信頼感」である。

「政治不信」といった言葉はメディアなどでも一般的に用いられるが、学術的に言えば、政治信頼の概念には、大きく分けて2つの方向があるとされる。一方は、政治家個人や個別の政党などの政治アクターそのものに対する信頼感であり、もう一方は、選挙や国会といった統治の仕組みやその前提にかかわる信頼感である。政治学者の善教将大《ぜんきょうまさひろ》は、前者の信頼を「認知的信頼」、後者のほうを「感情的信頼」と分けて、それぞれの信頼感は異なるメカニズムで形づくられると論じている。とりわけ、どの政党に投票するかという投票意図と関連するのは、主に認知的信頼のほうであることが明らかにされている。[17]

もっとも、善教の分析は、あくまで2010年ごろまでのデータにもとづく点では注意が必要である。とくに2000年代後半は、野党＝民主党の躍進が続く選挙が続いており、こうした観点から言えば、現在のような「不甲斐ない野党」の姿とはほど遠い時期であった。それに対して本書が注目するのは、野党支持者が選挙で負け続けていることによるフラストレーションがもたらす影響についてである。すなわち、2010年以降における苦しい立場を経験し続けている野党支持者は、善教のいう「感情的信頼」――政治制度への信頼感――をどのように捉えるのかについて、あらためて確認しておく必要がある。

そこで、以下では、2021年10月31日に行われた衆議院総選挙の際に、筆者を含む研究グループが実施したウェブ調査（n＝4100）を利用して、比例投票先をもとに、与野党投票者ごとの「感情的信頼」の違いについて検討してみたい。[18] ここで「感情的信頼」の指標として扱うのは、善教の研究と同じく、政党・選挙・国会といった政治制度に対する信頼についてである。具体的な質問文は以下の通りである。

【質問文】

以下に示した3つの意見について、あなたのお考えにもっとも近いものを1つずつ選んでください。

▼政党があるからこそ、国民の声が政治に反映するようになる（政党）

▼国会があるからこそ、国民の声が政治に反映するようになる（国会）
▼選挙があるからこそ、国民の声が政治に反映するようになる（選挙）

《選択肢》
賛成（5）／どちらかといえば賛成（4）／どちらとも言えない（3）／どちらかといえば反対（2）／反対（1）／わからない（欠損値）

与党投票者と野党投票者に分けて、これらの質問への回答分布を図4－4に示した。図4－4を見ると、国会や選挙の信頼感については、与党投票者と野党投票者のあいだにほとんど差はないものの、政党の信頼感に関する認識で両者に一定の差が見られた。具体的には、与党投票者のうち、政党が重要な役割を果たしていると考える人の割合（賛成＋どちらかといえば賛成）は、およそ58％であるのに対して、野党投票者では約47％であり、10ポイントほどの開きがある。逆に、政党の役割は重要でないと考える人の割合（反対＋どちらかといえば反対）で見ると、与党投票者が13％程度に対して、野党投票者は19％程度と、こちらのほうを見ても6ポイントほどの差が見られる。これらを見ると、全体としては信頼している人が多いものの、野党投票者のほうが、与党投票者よりも「政党」という民主政治において

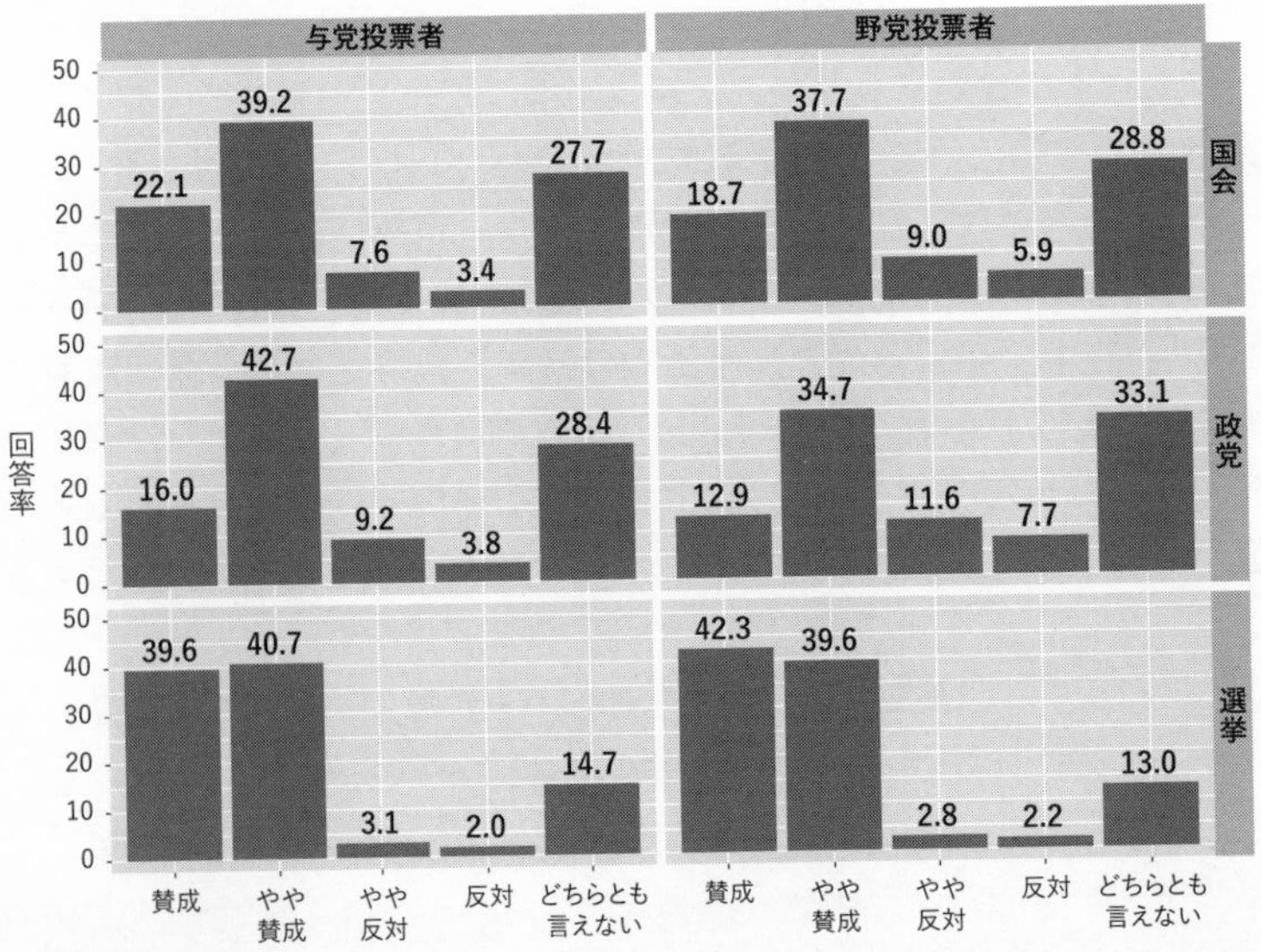

図 4-4
与党投票者と野党投票者における制度への信頼感の違い

必要不可欠な機能を信頼していない傾向にあると言える。その背景には、やはり、リベラル層において、彼らの支持するリベラル系の野党群がさほど議席を獲得できていないこと、さらには、リベラル派の人々の声を、政党を通じて政治に反映できていないことに対する失望感があるのかもしれない。

野党支持者から見える「選挙制度」

以上では、「政治の制度」というより広い視点から、与党投票者と野党投票者の認識の違いを検討した。もっとも、こうした民主政治の前提となる諸制度はあくまで概念的なものであり、実際に運用されている「制度」とはやや質が異なる点で、注意が必要である。いわゆる政治制度改革というときの「制度」は、もっと具体的な対象を指す。

改革と称して政治の制度を変更することは、社会全体に大きなインパクトを与える。とくに選挙制度の変更は、政治的な代表の構成と直接深く関わるため、便益を多くの有権者が享受できるような内容や方針を模索し、超党派で進められることが多い。たとえば、投票権の拡大とか期日前投票所の増設といった制度変更は（支持政党にかかわらず）大多数の人にメリットがあると考えられる。近年では、法的な手続き上だけではなく、実質的に誰もが選挙にアクセスできるような投票環境を整備していこうとする「積極的投票権保障（SVRs）」という世界的な運動も盛んになっている。[19] さらに政治エリートの側も、「ゲリマンダリング（Gerrymandering）」——特定の政治家や政党に有利になるように選挙区の区割りを変更する政治的戦略——のような、多数党にのみ有利な「改革案」が設定されることがないように注意を払っており、原則的には超党派的な合意にもとづいて進められることが多い。

ただし、以上のような「原則論」が、多くの有権者にも共有されているとは限らない。とくに議院内閣制を採る日本の有権者から見れば、政府と与党はほぼ一体化して認識されやすい。すなわち、日本の有権者において、選挙制度の変更は「自民党と公明党（与党）が決めたこと」という認識であって、そこに野党側の意見が含まれているのか、あるいは合意しているのかについて、議事録までたどって深く考える人はさほど多くないだろう。そこで、より現実的に人々の選挙における行動を制約する条件として、選挙執行の制度に対する認識に注目して与野党支持者間の違いを検討してみよう。

筆者を含む研究グループは、2022年1月21～28日に、投票環境をめぐる有権者の認識を調べることに特化したウェブ調査（全国の男女2496名を対象）を実施した。[20] この調査では、とくに選挙で我々が投票をする際に制約となる条件への賛否について細かく尋ねる質問を用意している。そこで、以下のような選挙執行上の制度への態度が与野党支持者ごとにどのくらい異なるのかを検証する。

【質問文】

これから、選挙のルールについて、あなたのお考えをお聞かせいただきます。次のそれぞれの内容について、あなた個人のお考えに最も近いものを1つお選びください。

▼郵便投票のための要件や手続きを緩和して、より投票しやすくするべきである（郵便投票）

▼居住地の変更があった場合の投票権の登録は短縮されるべきだ（通常、転入先の市区町村で住民票を作成した3か月後に登録されます）（登録短縮）

▼どの候補者に投票したいのかが特定できれば、他事記載があっても（候補者の名前以外のことが書かれていても）有効票とすべきだ（他事記載）

▼今の投票ブースでは、誰に投票したかが他の人にわかってしまわないか不安だ（投票ブース）

▼共通投票所（投票日当日に、市区町村内の有権者なら誰でも投票できる投票所）を増やしていくべきだ（共通投票所）

《選択肢》
賛成（4）／どちらかといえば賛成（3）／どちらかといえば反対（2）／反対（1）／わからない・答えたくない（欠損値）

以上の選択肢について、後ろのカッコ内の数値を用いて、与党支持者と野党支持者ごとに各設問の平均値を図示したものが図4－5である。これらの質問は、現行の選挙執行上の制度や改善するべき選挙制度に対する認識を問うものであり、個別の平均値が意味するところは異なるので、ひとつずつ確認していきたい。

まず、「郵便投票」の導入では、野党支持者は与党支持者に比べて、より高くそれを望んでいる。「登録短縮」でも同様であり、野党支持者のほうが、今よりも簡便な投票権登録の仕組みが必要だと考えている。さらに、「他事記載」でも同じような傾向にある。また、自分の記入が人に見えてしまっているのではないかという懸念（「投票ブース」）についても、野党支持者のほうがやや高い。最後の「共通投票所」は、与野党支持者間でほとんど差はなかった。これらの結果を総合すると、与党支持者に比べて、野党支持者のほうが、現行の各種の選挙執行上の制度では不十分だと考えていると見ることができる。なお、図4－5のう

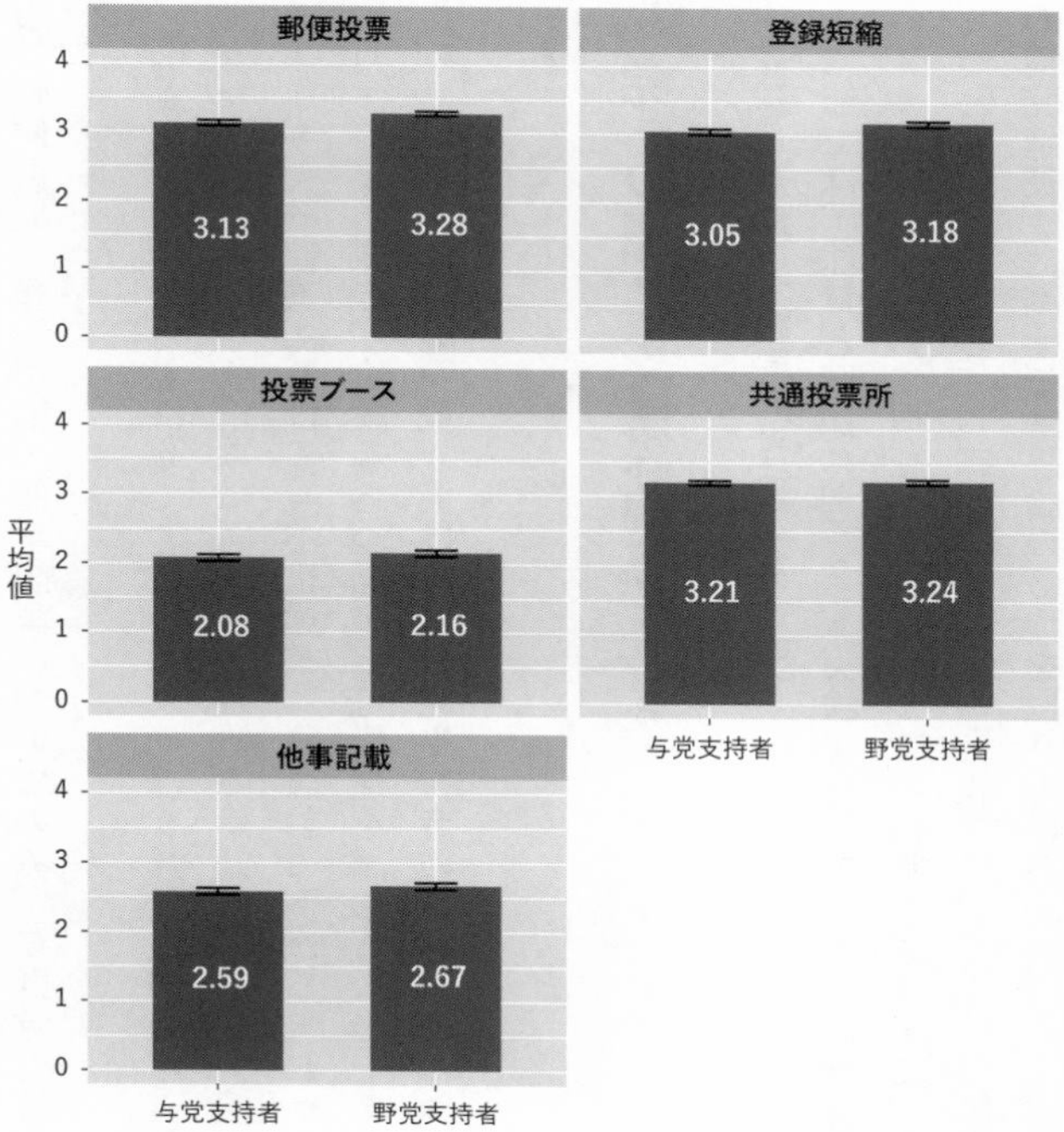

図 4-5
与党投票者と野党投票者における現行制度への認識の違い

ち、郵便投票・登録短縮・他事記載についてのみ、与野党支持者間の差は5%水準で統計的に有意であった。

図4－4の結果とも併せて考えると、やはり野党支持者は、与党支持者に比べて、選挙のような統治に関わる仕組みに関連する政治の諸制度に対して懐疑的な傾向にあると言える。アメリカ大統領選における「不正選挙」陰謀論の例からもわかるように、こうした政治制度に対する不信感は、陰謀論とつながる可能性を高めるものである。そこで次では、統治の仕組みに関する陰謀論を取り上げて、野党支持者の受容程度について検討していく。

3 与党への怒りが陰謀論を生む?

「耳触りが良い」制度変更は与党の策略?

本節では、前章と同様に、リスト実験を用いて、とくに野党支持者に注目して陰謀論受容のメカニズムについて検証する。これまでの内容をふまえて、本章の実験では、選挙制度にまつわる陰謀論として、「18歳への投票権年齢の引き下げ」に関する陰謀論と、「期日前投票の期間延長」に関する陰謀論の2つを取り上げる。

これらの陰謀論を取り上げる背景を簡単に説明しておきたい。まず前者の18歳投票権年齢引き下げは、2016年参院選より導入され、現在では、国・地方のレベルにかかわらず、18歳以上が投票できるようになった。この制度変更の背景としては、まず2014年6月に与野党8党により発足した「選挙権年齢に関するプロジェクトチーム」で投票権年齢の18歳への引き下げについて党派を超えて合意を得たのち、自民党や民主党、維新の会などの6会派と無所属議員により法案が衆議院に提出され、2015年6月の衆議院本会議および参議院の両方において全会一致で可決されたといった流れがある。また、18歳投票権の是非に関する過去の世論調査の結果を見ても、とくに投票率の低い若者における政治参加の機会を増やすといった意味合いから、ポジティブに捉えている人が多いようである。

それでも、一部の陰謀論者は、18歳投票権年齢引き下げの取り組みの裏に、与党による政治的な思惑があったのではないかと疑っているようだ。その理由のひとつは、この投票権年齢の引き下げと同時期に国民投票法の改正がなされ、憲法改正のための国民投票の投票権は（当時の通常の選挙権年齢とは異なる）18歳以上と定められたことである（2014年6月）。両者を結びつける線として、憲法改正という保守層の政治的目的があるという言説が、まことしやかに広められている。

陰謀論に結びつくもうひとつの理由は、近年の若年層における自民党支持率の高さ（と野党の不人気）にある。たとえば、2021年10月総選挙におけるNHKの出口調査によると、18・19歳の43％が自民党に投票しており、20歳代でも41％となっている。それに対して、40歳代や50歳代における自民党への投票はともに36％、60歳代では34％となっている。[21] このように、若年層の自民党支持率は他世代に比べて相対的に高い傾向にあることから、18歳や19歳の若年層に投票権を与えることで、まさに自民党が得票を増やそうと意図したのではないかという理屈になるようである。

もう一方の「期日前投票の期間延長」に関する陰謀論についても説明しよう。現実として、期日前投票の利用者は選挙ごとに増加している。期日前投票は、投票日当日に投票に行けない人にもその機会を与える制度であることから、期日前投票の期間を延長することは、多くの有権者に利益のある制度変更であると言えよう。ただし、期日前投票の延長についても、とりわけ選挙の敗者側の認識から「穿《うが》った」見方をすることができる。たとえば、仮に期日前投票を済ました後の選挙期間中に、何らかの政治的スキャンダルが発覚して投票先を変更したいと思っても、現行制度下でそのような変更は不可能である。つまり、期日前投票の期間が延びるということは、選挙期間の早期にすでに投票結果がある程度決まることを意味している。選挙期間中に与党に関するスキャンダルが発覚した場合、選挙の敗者側の立場からすれば、「もし、期日前投票の期間が短ければ、与党はもう少し票を失っただろう」「期日前投票は、選挙期間中に生じうる不確実性を極力減らしたい政府・自民党の策略なのではないか」といった陰謀論的な見方をすることも可能ではある。

あらかじめ補足しておくと、これら2つの「陰謀論」には、第1章で説明した陰謀論の定義からはやや外れる部分がある。改めて本書の陰謀論の定義を確認すれば、「重要な出来事の裏では、一般人には見えない力がうごめいている」と考える思考様式であった。先の2つの陰謀論においては、いずれも選挙結果を変化させうる制度という意味で「重要な出来事」であることは確かなものの、そうした重要な決定に対して政府や自民党の意図が働いていたとしても、それを「見えない力」と言い切ることはできない。そのため、もしかしたらここで「陰謀論」として扱うことに違和感を覚える読者もいるかもしれない。

この点については、図4－3で整理した政府批判のレトリックに当てはめて考えてみてもらいたい。つまり、政府や自民党の都合で国全体の選挙制度を変えたとすれば、そのことに対する批判は当然、「正当な政府批判」(A型)とみなすことができる。しかし実際には、先述したように超党派の合意があって制度の変更が行われていることを考えると、それ自体を政府や自民党の戦略だけに帰責する見方や言説は、「陰謀論的な政府批判」(B型)に近いものになる。したがって、ここで対象としている「陰謀論」は、こうした両方の見方が重なった「混合型の政府批判」(AB型)であるということができる。本章の第1節でも述べたように、政府批判をめぐる陰謀論は、A型とB型を明確に峻別することが極めて難しいという性質を有していることから、ここで対象とする陰謀論も、他の章とはやや異なる性質のものとならざるを得ない。

B型だけを抽出した架空の陰謀論を作って検証することも可能であるが、そうすると現実にそくした解釈が難しくなる。こうした背景から、本章では、一定の誤解が生じるリスクを承知した上で、AB型の「陰謀論」を取り上げることとした。念のため付言しておきたい。

実験デザイン

以上に示した2つの「陰謀論」を題材として、2019年7月の参院選の際に、楽天インサイトのパネルモニター全国の男女4133名を対象にリスト実験を行った。[22] リスト実験の要領は前章と同様である。具体的な実験デザインは以下の通りである。

【実験デザイン】

以下に投票環境や期日前投票などの制度に関するいくつかの意見が示されています。以下の項目のうち、あなた自身も賛同できる意見の数と賛同できない意見の数のそれぞれについてお答えください。

《統制群（3つ提示）》
▼ショッピングモールや駅にも投票所があるとより便利である（意見リスト1）
▼期日前投票制度があるからこそ、多くの有権者が選挙に参加できる（意見リスト2）
▼現在、懲役刑を受けている人にも投票権を与えたほうがよい（意見リスト3）

以上は、意見リストを3つ示した統制群の場合である。処置群では、この3つの内容に、先述した陰謀論をそれぞれ加えた4つのリストを提示する。本実験の処置群では、これらのリストに「政府は、自分たちの都合が良いように18歳にまで投票権を拡大させた」（以下、投票権年齢引き下げ陰謀説と呼ぶ）あるいは「政府は、自分たちの都合が良いように期日前投票の期間を延ばそうとしている」（以下、期日前陰謀説と呼ぶ）を加える。

前章での分析と同様に、ここでは、3つのリストを示す統制群の選択「個数」の平均値に比べて、各陰謀論を加えた処置群のそれを比較する。ただし、前章とは異なり、ここでの実験では「賛同できる意見の数」と「賛同できない意見の数」の両方を聞いている。これは、両方の数をリストの合計数と一致させることで、回答者に、より慎重に実験に答えてもらうためである。本章の分析では、このうち「賛同できる意見の数」のみをアウトカムとして採

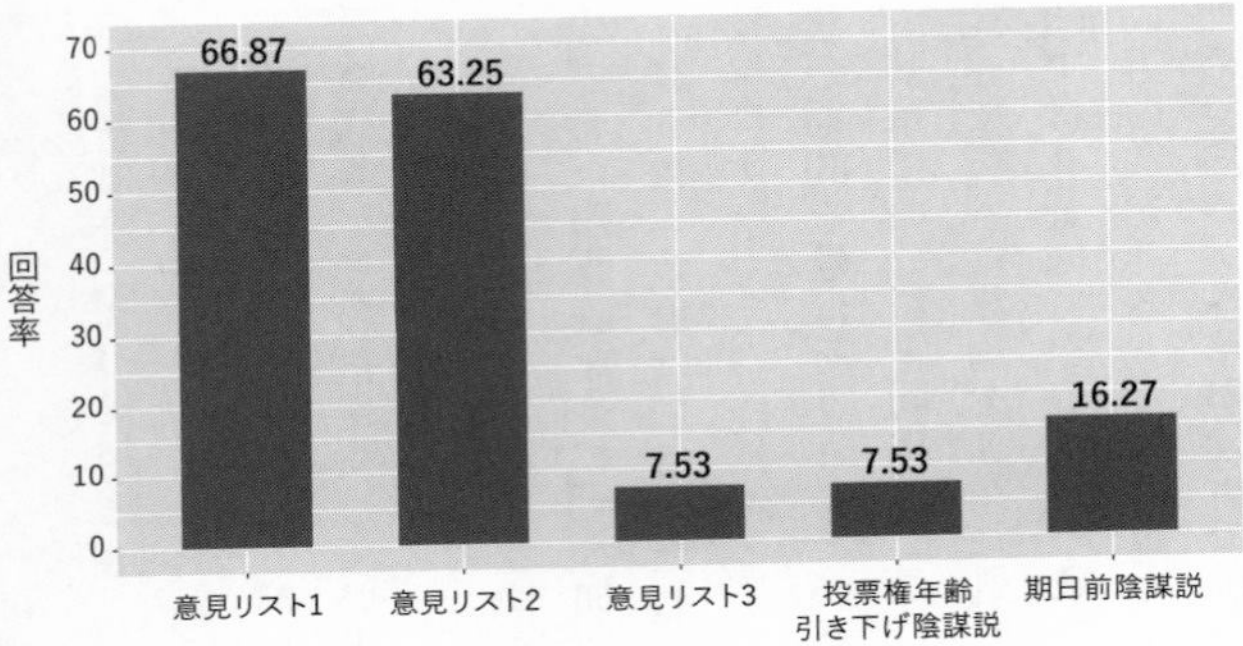

図 4-6
選挙制度をめぐる陰謀論の受容（DQ方式）

用し、統制群と処置群の平均値を比較して、その差分から陰謀論の受容程度を測定する（なお、提示するリストの順番についても、前章と同様に、すべてランダムに変わるようにしている）。

実験結果

前章と同じく、実験結果を確認する前に、まずはこれらの陰謀論を直接尋ねた場合（DQ方式）の回答について確認しておきたい。ここでは、「以下に投票環境や期日前投票などの制度に関するいくつかの意見が示されています。以下の項目のうち、あなたも賛同できる意見をすべて選んでください」として、単純に各項目の内容に賛同できるかどうかを尋ねている。意見リスト1〜3および2つの陰謀論への賛同度について示したものが図4−6である。これを見

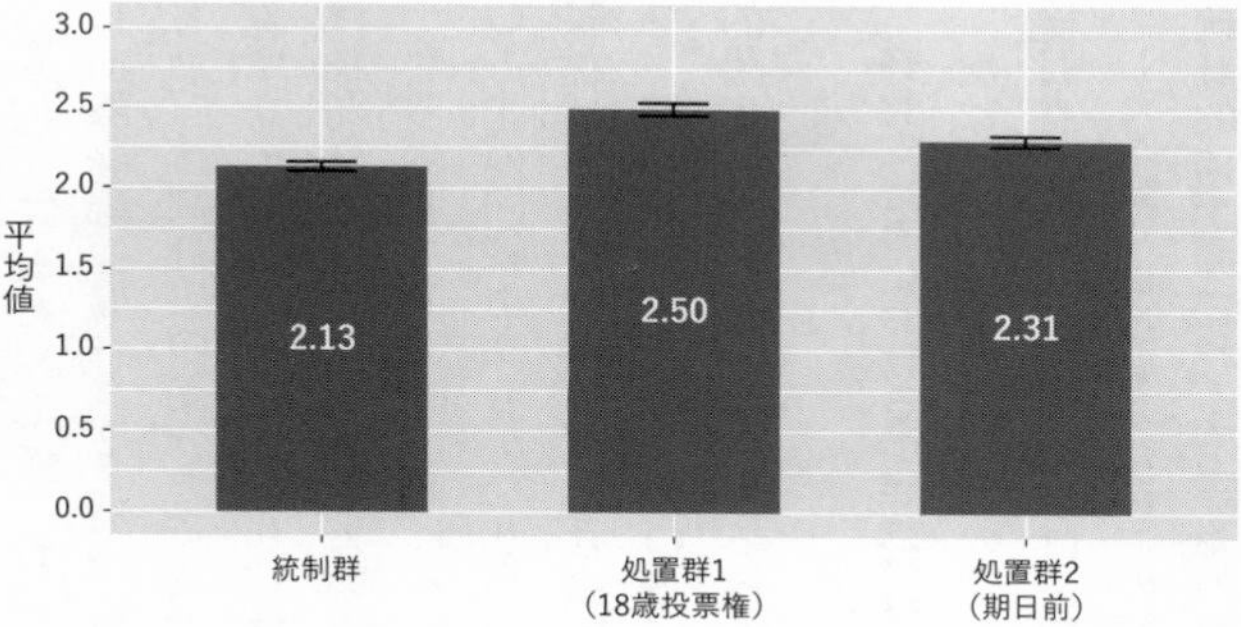

図4-7
選挙制度をめぐる陰謀論の受容(リスト実験)

ると、18歳投票権陰謀説の受容率は7・5%程度、期日前陰謀説は16・3%程度である。直接的に尋ねた場合は、やはりこれらの陰謀論を信じると答える割合はそう多くないようである。ただし、前章で説明したように、これらの回答には「社会的望ましさバイアス」が含まれている可能性がある。そこで、リスト実験の結果とDQ方式の回答との違いを比較することで、どの程度「建前」で答えているのかを検討したい。

そこで、リスト実験の結果を示したものが、図4-7である。まず、統制群における選択「個数」の平均値は2・13である。つまり、3つのリストのうち、平均して、およそ2つが選ばれたということになる(ただし、ここではあくまで「個数」で答えてもらっているので、具体的に、どれとどれが選択された結果なのかはわからない）。それに対して、投票権年齢引き下げ陰謀説を加えた処置群の平均値は2・50、期日前陰謀説の場合は2・31であった（ともに、統制群に比べて、5％水準で統計的に有意である）。また、統制群との差分で見ると、投票権年齢引き下げ陰謀説では0・37であり、期日前陰謀説は0・18である。つまり、投票権年齢引き下げ陰謀説については37％ほど、期日前陰謀説は18％ほどの人々が信じているようである。

さらにリスト実験における投票権年齢引き下げ陰謀説の受容程度は、図4－6で示したDQ方式の回答よりもかなり高いことも見逃せない。DQ方式との差で言えば、18歳投票権陰謀説は30ポイントほど「社会的望ましさバイアス」が働いていたと見ることができる。他方で、期日前陰謀説は、DQ方式で16・3％に対して、リスト実験で18％ほどなので、「社会的望ましさバイアス」はさほど働いておらず、信じる人の割合もさほど高くない。

野党支持者における陰謀論の受容

次に、これらの陰謀論の受容が、与党投票者と野党投票者でどの程度異なるのかについて検討してみた。具体的には、実験群の変数と、2019年参院選での比例投票先（与党に投票したか野党に投票したか）の変数の交互作用を利用して分析した上で、その結果を使って、統計的に予測される陰謀論の受容度を推定した。具体的な分析手順の説明は専門的になりす

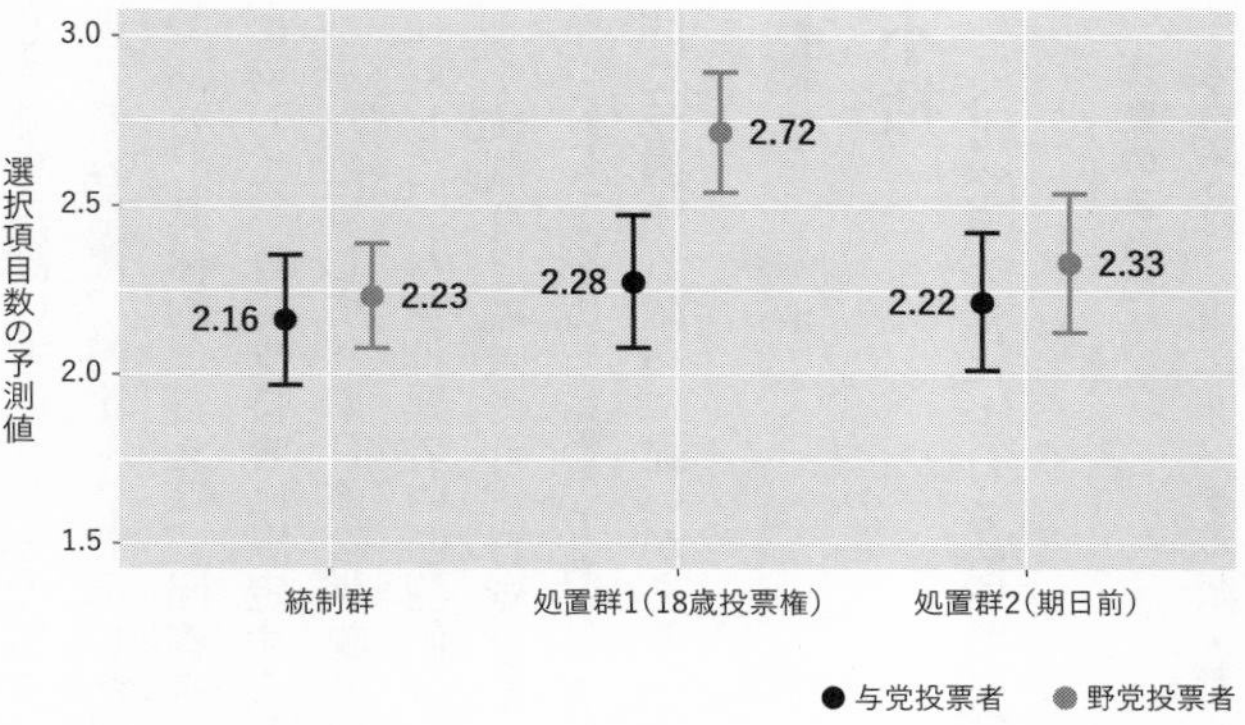

図 4-8
与党／野党支持者ごとの陰謀論の受容（リスト実験）

ぎるので割愛するが、要は、与党投票者が陰謀論をどれくらい信じるかと、野党投票者が陰謀論をどれくらい信じるかについて、それぞれ予測される値を割り出したと考えてもらって差し支えない。なお、分析には、第3章のリスト実験とまったく同じ方法を用いた。

図4―8の結果より、特に処置群1（投票権年齢引き下げ陰謀説）について、与党投票者と野党投票者で信じる度合いが大きく異なっている。まず、投票権年齢引き下げ陰謀説では、統制群との差について、野党投票者のおよそ0・49であるのに対して、与党投票者は0・12にすぎない。つまり、18歳投票権年齢の引き下げが「政府の陰謀」であると考えている野党投票者は約49％にのぼり、与党投票者よりも37ポイントほど、この陰謀論を信

じる確率が高いということである。さらに、投票権年齢引き下げ陰謀説において、野党支持者の受容率は、図4－7で示した回答者全体の受容率に比べても相当程度高いことも特徴的である。具体的に言えば、回答者全体における18歳投票権陰謀説の受容率は約37％であるのに対して、野党支持者に限定すると49％と12ポイントほど高い。

それに対して、期日前陰謀説のほうは、野党投票者の予測される選択数が2・33であるのに対して、与党投票者の予測値は2・22であり、そのあいだに明確な差は見られなかった。また統制群との差でも、野党投票者で0・1（10％が信じている）、与党投票者で0・06（6％が信じている）と微差であることから、やはり、期日前陰謀説については、与野党支持者間で受容する確率に違いがあるとは言えないという結果が得られた。

4 小括
――リベラル派における陰謀論受容のメカニズム

本章のまとめ

本章では、主にリベラル派・左派が中心となる野党支持者における陰謀論の受容メカニズムについて検討してきた。一般的に、陰謀論は政治的保守・右派と親和性が高いと考えられてきた。ただし、「動機づけられた推論」のメカニズムにもとづけば、陰謀説を信じるかどうかは、右か左かというイデオロギーの方向ではなく、そもそもそうした政治的な信念を有するかどうかが重要であり、したがって、政治的イデオロギーとしてリベラル派・左派の考え方を持つ人々においても陰謀論を信じている可能性は十分に考えられる。

ただし、現在の日本の政治状況では、保守派の支持は比較的自民党に固まりやすいのに対して、リベラル派が支持する野党は細かな考え方の違いで分裂する傾向にあるし、支持も分散的である。そのような中で、リベラル系の野党支持者は、近年の選挙で敗北を喫し続けていることが原因となって、選挙や政党政治という統治の仕組みあるいは多数決主義的な各種の選挙制度に対して懐疑心を覚えやすいことも明らかになった。このように、政治的な敗者になる側は、現行の政治の仕組みに対して不信感を持ちやすく、そうした態度が、ひいては陰謀論的な言説を受容する素地になるとも考えられる。

これらの点をふまえて、本章では、具体的な選挙の仕組み（制度）に関する２つの陰謀論――投票権年齢引き下げ陰謀説と期日前陰謀説――を取り上げて、とくに野党支持者の受容の程度についてリスト実験を通じて分析した。その結果、野党投票者は、世論全体あるいは与党投票者に比べて、投票権年齢の18歳引き下げに関する取り組みを「与党の陰謀」として捉える傾向にあることが示された。これらを総合して言えば、リベラル派においても、陰謀論と無縁ではなく、むしろ、自身の望む政治的目標が達成されないことに対するフラストレーションが陰謀論を引き寄せている可能性が高いことが示唆されたと言えよう。

陰謀論は民主主義を奪う

近年の世論調査の結果を見ても、リベラル派を主な支持者とする野党群への支持率は極めて低い状況が続いている。野党の中では、日本維新の会がやや支持を広げている傾向にあるが、図4-1からも明らかなように、日本維新の会は保守的な支持層が多く、さらには同じ野党であるにもかかわらず、立憲民主党や共産党といったリベラル系の政党をことさらに攻撃する傾向にある。[23] こうしたことをふまえると、ますますリベラル系野党の支持者の立場は「窮屈」になっていると言える。

本章で明らかにしたように、リベラル系の野党支持者は、現行の政治制度に対して懐疑的な目を向ける傾向にある。選挙や政党政治といった民主的な統治を可能にする前提を疑いはじめることによって、現存する他の政治の仕組みや制度、あり方にまで、与党に都合が良いように設計されていると考えるようになるかもしれない。実際的に言えば、期日前投票の延長や18歳投票権年齢引き下げをめぐる話題についても、これらは超党派、すなわち自身が支持する野党も合意した上で設計されている。それにもかかわらず、野党支持者の中には、政府与党（とくに自民党）の党利党略のように捉える人々がいる。まさに、政府批判と陰謀論の関係の複雑さを表す例だと言えよう。

前章で取り上げたような、一部の極端な保守派における排外主義的陰謀論も社会にとって極めて有害であるが、他方で、リベラル派における政治の諸制度に対する極度に懐疑的な傾向もまた、健全な民主主義の維持・発展の阻害要因となりうる点で問題だと言える。また、特定の政治家や政党を対象とした陰謀論であれば、当該政治家・政党に限定された問題として、たとえば、名誉毀損などの法的な対応をすることができるかもしれない。しかし、統治の仕組みそのものに対してまで陰謀論的に捉えるようになってしまっては、民主政治・民主社会の前提を毀損することにもつながりかねず、より厄介で不測の事態につながるおそれもないとは言えない。

さらに不幸なことに、リベラル系野党に向けられる世論全体の目はますます厳しくなりつつある。対立する与党側からの批判だけではなく、野党支持者自身による、野党や野党政治家の「不甲斐なさ」に対する厳しい批判まで目にすることがある。代議制民主主義において、健全な批判はもちろん重要であるが、過剰な追及を繰り返すこと――陰謀論的な、検証可能性の著しく低い議論は言うに及ばず――は、結果的に、当のリベラル系野党の支持者たちをも追いつめていくと言える。そうした状況下で、リベラル系野党の弱体化自体が陰謀論をより蔓延しやすくしているという「負のサイクル」についても、考えをめぐらせる必要があるだろう。

第5章

「政治に詳しい人」と陰謀論

――「政治をよく知ること」は防波堤となるか？

1 政治に詳しいことと陰謀論

「政治的な意見を持つこと」の意味

前章までの内容を振り返ると、自身の政治的意見を「普通」だと認識することや、特定の政治的信念を持つことによって、陰謀論を受容する傾向が高まることがわかってきた。こうした陰謀論受容の背景にあるのは、これまで繰り返し述べてきた「動機づけられた推論」のメカニズムである。すなわち、保守とかリベラルとか、あるいは「普通」といった何らかの政治的な立ち位置を内面化しているがゆえに、その立場に沿った――言い換えれば、耳触りの良い――言説に惹かれていくという因果関係が確かめられたのである。

もっとも、自分自身の政治的立場を認識・理解・自覚することは、ごく当たり前のように見えて、実はそれなりに難解な作業を行っている。第1章でも触れたように、政治心理学において、イデオロギーは、高度に発達して一貫性を帯びた「政治の世界」を見渡す「レンズ」だと考えられている。[1] もう少し具体的な例を言えば、「自民党」と聞いたときに「汚職や不正の温床」というイメージを想起する人もいれば、「安定した政治」という正反対のイメージを想起する人もいる。「自民党」という対象について議論しようと言っても、「政治不正の温床」を想起する人と、「安定的な政権運営」を想起する人では、まったく異なる政治の世界が見えているはずである。このように、各人の中で、ある政治的対象に関連して想起するイメージが、より多く、そして、より広くつながっている人ほど、はっきりとしたイデオロギーを持つようになる。

別の文脈では、こうしたイデオロギーのことを、政治に関する信念体系（belief system）と呼ぶこともある。[2] 政治学者のコンバースによる古典的な研究によれば、構造としてのイデオロギーは、コアとなる信念と特定の争点とのつながりの強さや、ある争点と別の争点の関連性に応じて形づくられる政治的な信念体系と理解される。たとえば、日本において、保守（右派）的な人は、憲法争点については改正賛成（改憲）の立場であり、日米同盟をより重視し、領土問題などについてもタカ派で……と言うふうに、「保守」という考え方を持つことによって、さまざまな争点に対する態度が連鎖的に決定づけられていく。多様で複雑な政治の世界を理解しようとしたとき、イデオロギーを持つ人ほど、種々の争点や考え方について、首尾一貫した態度をとることができるのである（また、政治学者の三輪洋文は、とくに日本の有権者でこうした一貫的な態度を持つのは、政治的な知識が中程度の人であるとも指摘している）。[3]

これまで確認してきたように、自身のイデオロギーに親和的な陰謀論であれば、右派・左派にかかわらず受け入れてしまう傾向が見られることも、首尾一貫した態度を保とうとするイデオロギーの強力な機能のひとつと見ることができる。

政治的洗練性と「正しい」意思決定

たとえば、政策や争点、政局など、さまざまな政治的情報を獲得するためには、常に政治の話題に関心を持っておかなければいけないし、自分なりに解釈するための前提として、何らかの政治的意見を有しておく必要もある。こうしたことからもわかるように、ある特定の政治的な考え方を持つこと、もっと言えば政治に関心を持つということは、実は相当に「面倒くさい」作業であり、認知的にも時間的にも多大なコストを払う営みだとも言える。またそれゆえに、（直接的な利益が発生しない）政治の出来事に関心を払うことは、本質的に「合理的」ではない（合理的無知と呼ばれる）[4]。

その意味で言えば、特定の政治的意見を持っていたり、政治に関心を持っていたりする人は、そうした「面倒くさい」という感覚を乗り越え、政治の問題を抽象化して（ある程度）自分自身で考える能力を有していると言える。政治学では、民主主義を支える市民としての資質をどの程度備えているかを示す概念のひとつに「政治的洗練性」（political sophistication）と呼ばれるものがある[5]。政治的洗練性は、いわば、政治のことをどの程度よく理解しているかを表す指標であり、民主社会においては、当然ながら、政治的に洗練された（政治的洗練性の高い）市民であることが期待されている。また、選挙の際には、政治的洗練性が高い人ほど、政治に関する断片的な情報を全体の意思決定（投票先の決定）に反映させやすく、とりわけイデオロギーを有する人のほうが、自分自身の選好と近い候補者や政党への投票（Correct Voting ＝正しい投票）ができることが知られている。[6,7] 言い換えれば、政治的洗練性は、「正しい政治的意思決定」につなげるための重要な条件とも言える。

もっとも、政治的洗練性は目に見えるものではないので、何らかの形で（経験的に）測定する必要があり、この点でも数多くの議論がある。たとえば、政治的知識や関心の程度、あるいは政治参加の頻度、メディアへの接触頻度、教育レベル（学歴）などにもとづく合成指標が、政治的洗練性を示すものとして用いられることもあるが、必ずしも定説的なやり方があるわけではない。[8]

政治的洗練性と陰謀論の受容をめぐるパズル

さて、以上では、政治的洗練性の高さが「正しい政治的意思決定」につながりやすいという先行研究の知見を紹介した。この知見を本書の関心に当てはめれば、どのような結論が導き出されるだろうか。もう少し具体的に言えば、政治的洗練性が高い人ほど、陰謀論に惑わされることなく、「正しい」判断ができるのだろうか。

なるほど、政治的に洗練されている人ほど、情報の真偽を見極める目を持っているだろうし、逆に、政治的に洗練されていない人は、それができずに誤った情報を鵜呑みにしてしまいそうである。また、一般的に言っても、知識のない、普段から政治に関心のないような人たちが陰謀論にコロッと騙されるといった話はごく自然なように感じられる。

しかしながら、本書でここまで解説してきた内容は、実はこのようなわかりやすい議論とは異なるものであった。前述したように、保守やリベラルといったイデオロギーを持っていたり、支持する政党があったりすることは、政治に一定の関心があり、ある程度の知識を持ち合わせていることを意味している。裏返して言えば、政治にまったく無関心で、さらに政治的知識もないような、いわば政治的洗練性の低い人は、自分がどういうイデオロギーを持っているか、どの政党が自分の意見と合致していて支持できるかを正確には認識できていない確率が高いはずである。その両者を比較したときに、むしろ、政治的洗練性の高い人のほうが、陰謀論を信じやすい可能性が示唆されてきたのである。

本章の検討課題

では、政治的洗練性に関する研究の理論的な予測（つまり、政治的な意見や考え方を持っている人が陰謀論を受容しないこと)と、これまでの章で得られた知見(つまり、政治的意見や考え方を持っている人のほうが陰謀論を受容しやすいこと)のズレをどのように考えればよいのだろうか。本章では、この理論と実際のズレ(パズル)について、より深掘りして検討していく。政治的洗練性の高さは、陰謀論の防波堤となってくれるのか、それとも、陰謀論を引き寄せる「動機」となってしまうのか。この相反する2つの見方のいずれがより妥当なのかを検証したい。

ただし、すでに述べたように、何をもって「政治的に洗練されている」と定義するかは論者によって大きく異なる。本書では、政治的洗練性の測定に多種多様な方法が提案されていることを理解した上で、それを捉える指標として、以下の2点に注目する。

第一は、質的に異なる、さまざまな対象に向ける「関心」の度合いである。本章では、外交や内政などの政治に関するトピックへの関心だけでなく、時事的な問題への関心や、社会的に考えるべき話題への関心、さらには日常生活にまつわるまったくプライベートな話題に関する関心にまで細分化して検討する。

第二の指標は、正確な政治的知識の多寡である。先行研究でも、政治的な知識の量は、政治的洗練性を測定する際にしばしば用いられる尺度のひとつである。そこで、政治的知識に関する先行研究の知見をふまえ、いくつかの政治領域に関するクイズの正解数を総合した指標を用いることで、政治的な話題に関する正しい知識をどの程度身につけているかに応じて陰謀論の受容度がどのように変化するかを検証する。

2 政治への関心は陰謀論の防波堤となるか？

「関心」と陰謀論

本節では、さまざまな社会的問題への関心度と陰謀論受容の関連を明らかにするために、第3章で用いたリスト実験のデータを利用した上で、「関心」という異なる視点から再検討する。念のために、第3章で行った実験をあらためて確認しておきたい。第3章では、以下の3つの陰謀論を取り上げた。

▼政府に都合が悪いことがあると決まって北朝鮮からミサイルが発射されるのは、両政府が実は裏でつながっているからだ（北朝鮮グル説）

▼政府に都合が悪いことがあると決まって芸能スキャンダルが発覚するのは、政府と大

手広告代理店が実は裏でつながっているからだ（広告代理店グル説）
▼安倍政権を批判する勢力は、その裏で、外国政府から人や金などの資源提供を受けている（外国政府グル説）

以上3つの陰謀論の受容について、第3章では「普通」意識の度合いとの関連を検討したが、本節では、さまざまな「関心」の程度との関連を検討する。

この点を検証する前に、そもそも「関心」とは何なのかについて言及しておきたい。ある出来事に対して関心を持っているという状態は、言い換えれば、どの程度「注意を払っているか」を示すものと捉えられる。たとえば、政治的関心が高いという場合は、政治の出来事に対して注意を払っていることを指している。

こうした背景から、学術調査において政治への関心度を測定する際は、「選挙のあるなしに関係なく、あなたは政治の出来事全般に、どの程度注意を払っていますか」といった形で尋ねることが多い。ただし、このようなタイプの質問の仕方では、「政治の出来事」という全体的で大きな括りでの関心度はわかっても、具体的に、政治のどのような側面に関心を持っているのかまでは把握できないという難点もある。たとえば、日米同盟などの安全保障や外交問題に関心を持っているのと、ある政治家のスキャンダルに関心を持っているのとでは、同じ「政治の出来事」であっても大きく意味は異なるだろう。つまり、人がどのような点に関心を持っているかを細かく理解するためには、より細分化して、1つひとつの内容について尋ねる必要がある。

とりわけ、陰謀論受容との関係を検討する上では、その人が、どのような政治的対象に対する関心を持っている（あるいは持っていない）のか、という質的な側面を考慮することが重要になる。なぜなら、個別の政策争点などに関する、より「お堅い」政治的な話題に関心を持っている人と、週刊誌を賑わせるようなスキャンダルなど、ソフトで娯楽的な政治的話題に関心を持っている人とでは、陰謀論の受容度も異なると考えられるからである。

「関心」と陰謀論の関係については、さらに考えるべきことがある。それは、当然のことながら、人々が関心を持つ対象は政治以外にも多岐にわたるという点である。たとえば、社会的な話題と言っても、凶悪な殺人事件とか幼児虐待のようなものもあるし、地震や台風、大雨被害などの自然災害も含まれる。あるいは、芸術やスポーツといったトピックも含まれるかもしれない。さらに、こうした「公的」な出来事全体に関心はまったくなく、自身の日常生活やプライベートなことについてのみ関心を持っている人も少なくないだろう。すなわち、公的な事柄にまったく注意を払うことなく、もっぱら私的なことにしか興味がない人が政治的な陰謀論に接したときに示す反応についても検討する必要がある。

多面的な「関心」の測定

さまざまな対象や場面に対応するような形で「関心」を測定するため、第3章で用いたウェブ調査では、別途、次に挙げる12項目に細分化して、それぞれの関心の度合いを尋ねている（なお、以下の12項目を尋ねる際の順序は完全にランダムにしている）。

【質問文】
仮に、テレビの報道で、以下に示すようなニュースを目にしたときのことを想像してください。以下に示すそれぞれのニュースの内容に関して、あなた自身は、どの程度、関心を持ってご覧になると思いますか。それぞれについて、当てはまるものを１つずつお選びください。

▼日韓関係に関するニュース
▼日米関係に関するニュース
▼憲法改正に関する話題
▼北方領土の返還をめぐる話題

▼性的少数者（LGBT）の権利拡大に関する話題
▼日本の軍事費に関する話題
▼SNS（ツイッターなど）での炎上に関する話題
▼政府によるデータ改ざんに関する話題
▼各種スポーツでの日本人選手・チームの活躍に関する話題
▼地震や豪雨などの災害に関する話題
▼近年、外国人労働者が増加していることに関する話題
▼あなたのご自宅の近くの美味しい料理店に関する話題

《選択肢》
関心がある（4）／やや関心がある（3）／あまり関心はない（2）／関心はない（1）／わからない／言いたくない

以上では、政治の問題について、外交的な政治的話題（日韓関係や日米関係など）と、内政的な問題（軍事費や憲法改正など）、あるいはスキャンダルや時事的な話題（政府によるデータ改ざん問題など）に分けて尋ねている。さらに、社会的に関心事となっているトピックとし

て、性的少数者の話題やSNSでの炎上問題、あるいは、昨今大きな問題となっている自然災害に関することも尋ねている。逆に、ごく日常的でプライベートな話題として、自宅近くの美味しいお店に関する関心の度合いについても尋ねた。

図5－1は、これら12の対象に対する関心の分布をまとめたものである。ここから見て取れるのは、日韓関係や日米関係、北方領土のような国際的・外交的な政治的話題や、データ改ざんとか日本の軍事費のような日本国内の事情に関わるような問題について、世論の関心は比較的高いということである。他方で、性的少数者に関する話題とか、SNS炎上などの社会的トピックについては、相対的に関心を持っている人は少ない。

また、スポーツ関連の話題とか、美味しいお店に関する情報といった、政治から距離のある話題についても、(「関心がある」と「やや関心がある」をあわせると) 7割近い人が関心を持っている。とりわけ、自然災害に関する話題は、9割程度の人が関心を持っているようである。これらの結果から、日本の世論では、政治的な話題に関心を持っている人が少なくないのと同時に、自然災害などの身近な問題についても関心を持つ人が多いと言える。

多様な「関心」の分解

続いて、第2章や第3章でも利用した因子分析の手法を用いて、以上に見た12の関心の背

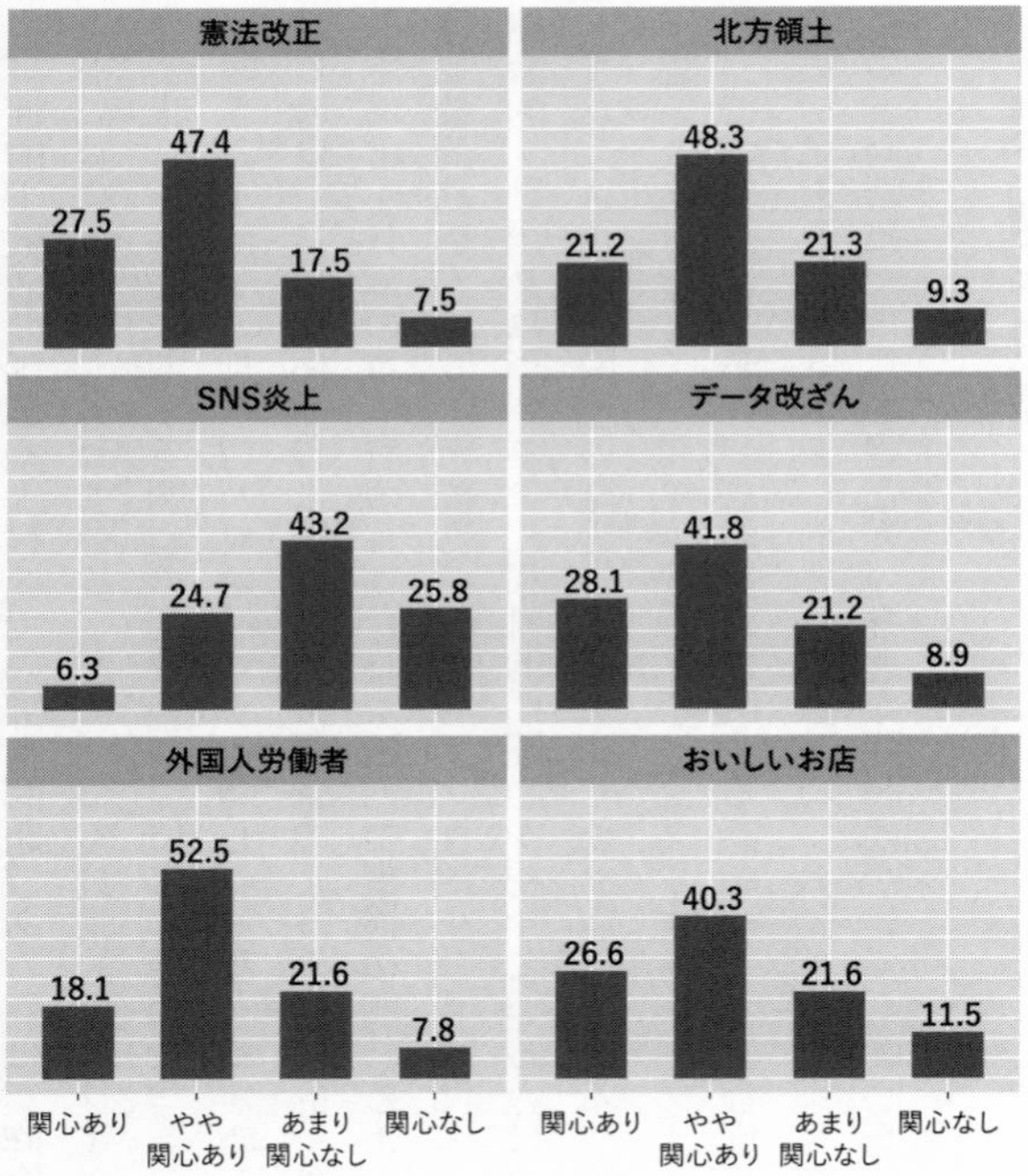
憲法改正
27.5
47.4
17.5
7.5
北方領土
21.2
48.3
21.3
9.3
SNS炎上
6.3
24.7
43.2
25.8
データ改ざん
28.1
41.8
21.2
8.9
外国人労働者
18.1
52.5
21.6
7.8
おいしいお店
26.6
40.3
21.6
11.5
関心あり
やや関心あり
あまり関心なし
関心なし

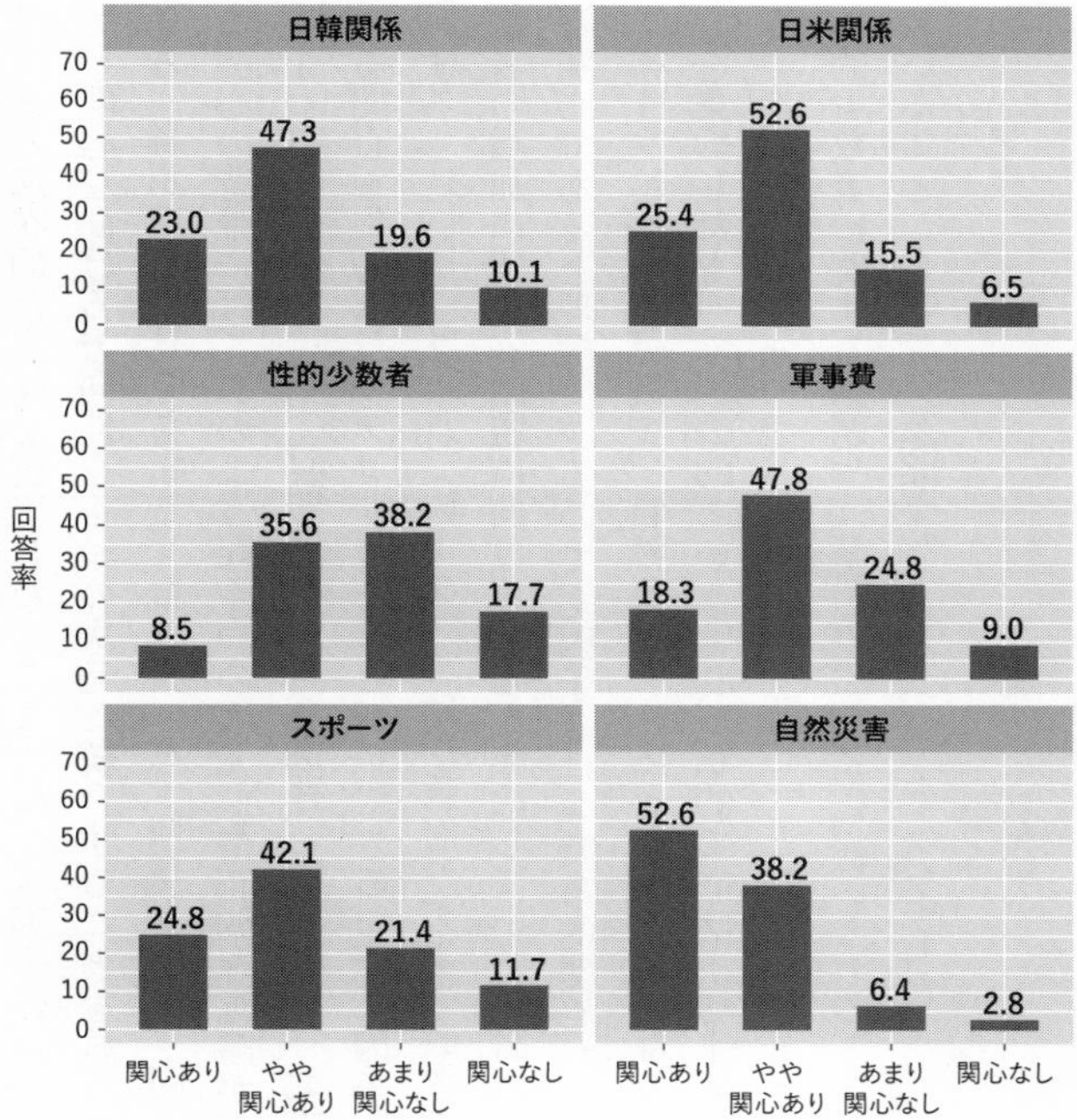

図 5-1
さまざまなトピックに対する関心の程度

景にある潜在的な意識を析出した。ここでは、4因子が適当であるとの統計的な示唆を受けて、関心を向ける方向性を4つの次元に統合することを試みた。その分析結果が図5－2である（解釈の方法は第2章や第3章とまったく同様である）。因子分析の結果、12の対象に対する関心の背景には、次のような4つの次元の潜在的な意識が存在することがわかった。

1つ目（因子1）は、日韓関係や日米関係、憲法改正、北方領土問題、軍事費の問題に関する関心を集約したカテゴリであると解釈できるので、因子1を「政治的関心」と呼ぶことにする。続いて、2つ目（因子2）では、政府のデータ改ざん問題や、自然災害、外国人労働者の増加に関する話題に向ける関心を集約している。時事的あるいは時勢的な問題に対する関心であると理解できるので、因子2は「時事的関心」と解釈する。3つ目（因子3）は、スポーツに関する話題や、自然災害、あるいは身近な美味しいお店に関する情報に向ける関心を集約したもので、公的というより、私的でプライベートな関心であると見ることができる。そこで因子3は、「プライベート関心」と呼ぶこととする。最後の4つ目（因子4）は、性的少数者に関する話題や（基準値からはやや低いものの）SNS炎上に向ける関心を集約していることから、「社会的関心」と名づけることとした。

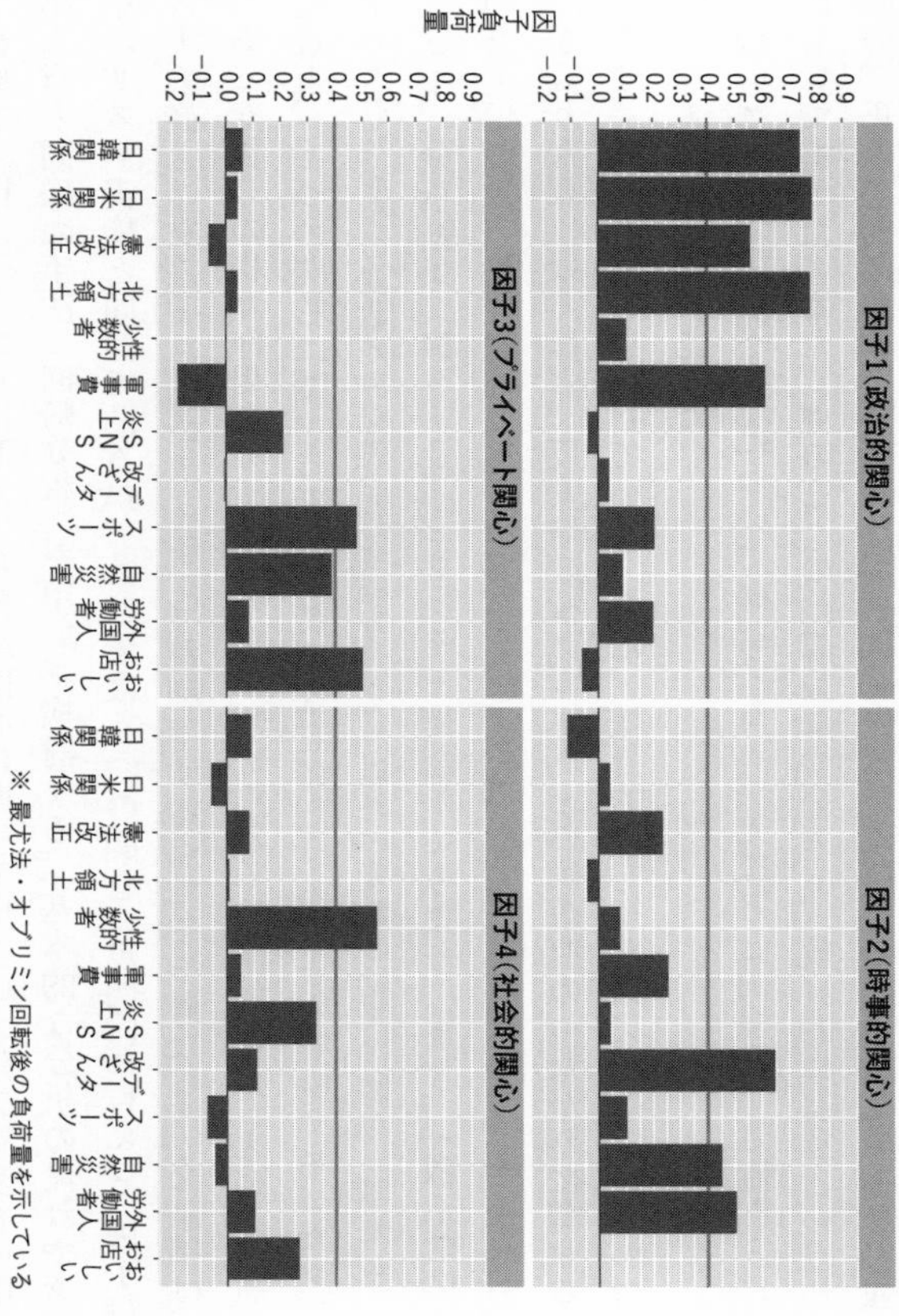
因子負荷量
因子1(政治的関心)
因子2(時事的関心)
因子3(プライベート関心)
因子4(社会的関心)
-0.2
-0.1
0.0
0.1
0.2
0.3
0.4
0.5
0.6
0.7
0.8
0.9
日韓関係
日米関係
憲法改正
北方領土
性的少数者
軍事費
SNS炎上
データ改ざん
スポーツ
自然災害
外国人労働者
おいしいお店
※最尤法・オブリミン回転後の負荷量を示している

図5-2　因子分析の結果

4つの関心と陰謀論の受容の関係

続いて、図5−2で析出した4種類の関心に関する度合いと陰謀論受容の関係について、第3章と同様の手法（回帰分析）を用いて検討する。基本的な分析の流れや考え方は、第3章のリスト実験と同様であるが、ここでは4つの関心（専門的に言えば「因子得点」のこと）と実験群との交差項（interaction term）を利用する点でやや異なる。交差項は、ある変数Aとある変数Bの相互作用を分析するために用いられる。本分析で言えば、各処置群にあたる変数と、4つの関心に関する変数の関連性を確認することを意味する（なお、図5−3では、それぞれ交差項の変数のみを表記しており、それ以外の変数の結果は図から割愛している）。

さて、分析結果（図5−3）をさっそく確認してみよう。まず、「政治的関心」と処置群の交差項では、処置群3（外国政府グル説）が統計的に有意である。すなわち、政治的な関心が高くなればなるほど、反安倍政権グループと外国政府のつながりに関する陰謀論を受容しやすくなることを意味している。また、統計的に有意な結果ではないものの、他の2つの陰謀論も正の方向にあった。

続いて、「時事的関心」について確認すると、先ほどと同様に、処置群3について統計的に有意であった。また、他の2つの陰謀論についても、統計的に有意というわけではないものの、正の方向にある。時事的な関心は、先ほど確認した政治的な関心とも強く関連する種類の関心であることが関係しているのかもしれない。少なくとも、政治的問題や時事的なトピックに向ける関心の高さは、陰謀論の受容を防ぐことにはつながらないようである。

それに対して、図５－３中で最も注目するべき結果は、「プライベート関心」についてで

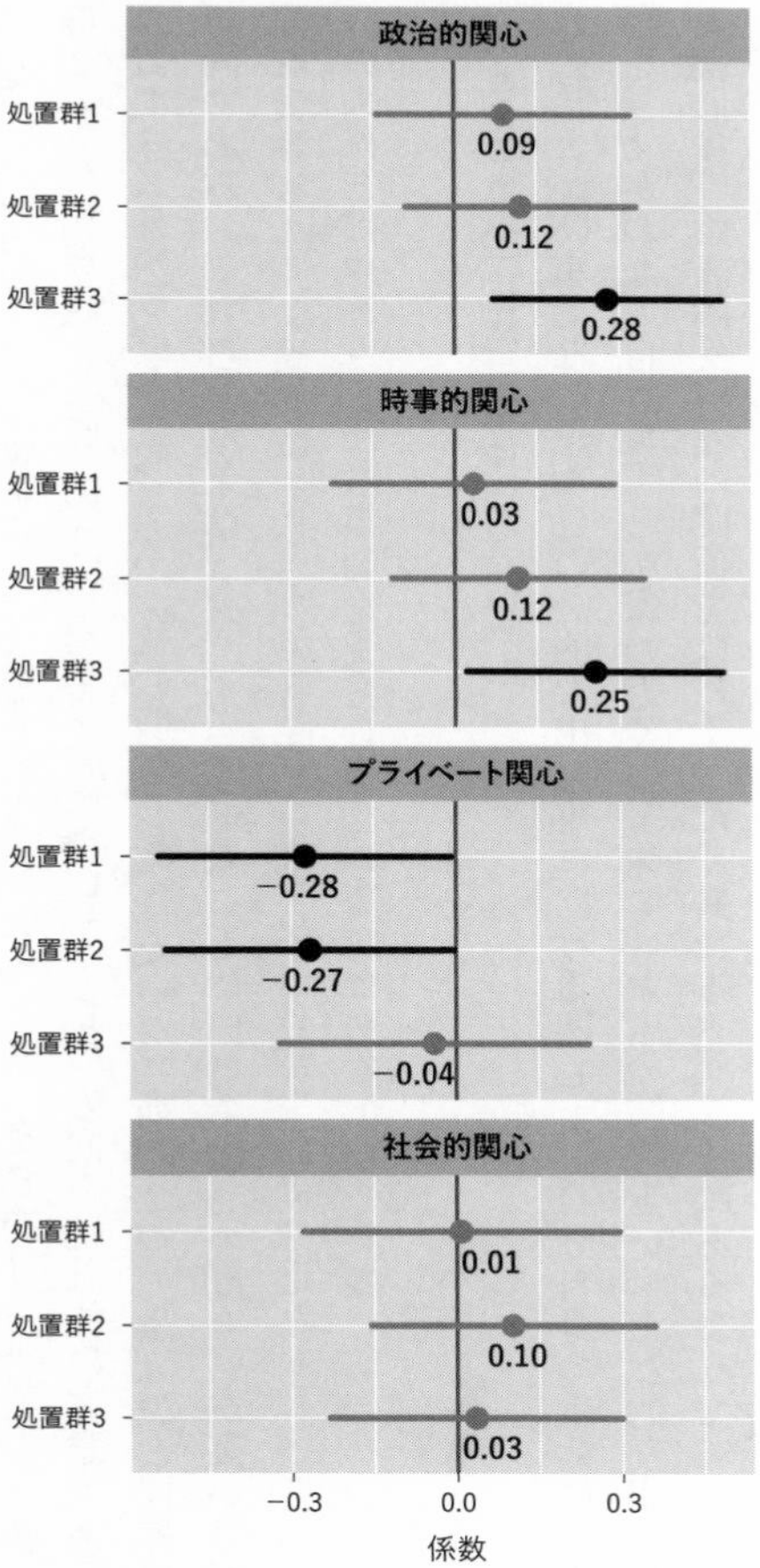

図 5-3
4 つの関心程度と陰謀論の受容に関する分析結果

あろう。「プライベート関心」と実験群の交差項について、処置群1（北朝鮮グル説）と処置群2（広告代理店グル説）の2つの陰謀論について、負の方向で統計的に有意である。また、処置群3（外国政府グル説）も、（統計的に有意ではないが）前記2つの陰謀論と同様に、負の方向にある。これらの結果は、プライベートなことに向ける関心の度合いが高いほど、陰謀論を受容しにくい傾向にあることを意味している。日常生活に身近なトピックへの関心が高い人ほど、さまざまな陰謀論を受容しにくい傾向にあるようである。

「自分の世界」に陰謀論はいらない？

政治とか時事的な問題などの公的な出来事に向ける関心と、自分自身の生活にも大きな影響を与えかねない自然災害とか家の近くの美味しいお店の情報といった私的な出来事に向ける関心は、陰謀論受容との関係では、まったく異なるベクトルにあるようである。つまり、政治や社会などの公共的な関心が高い人のほうが陰謀論に引っかかりやすく、自分の生活中心で、政治や社会に関心を持たない人のほうが陰謀論を信じにくい傾向にあるという正反対の意味を持っている。

さらに、図5-3の分析結果は、一般的によく聞かれるような、「個人的なことや身近なことにばかり関心を持つのではなく、公的な出来事にももっと目を向けるべきだ」といった警鐘が、こと陰謀論の受容においては「要注意」であることを示唆している。また、ここでの政治的関心や時事的関心の高さを「政治的に洗練されている」と置き換えるならば、政治的洗練性の高さは、陰謀論の受容を促進する方向、つまりはネガティブな効果を持っていると解することができる。裏返して言えば、もっぱら日常生活を充実させることに力を注いでいて、政治や社会などの公的な事柄に目を向けない人にとっては、陰謀論に接する機会もないと考えられる。身もふたもない言い方をすれば、「自分の楽しい人生に、意味不明な陰謀論など入り込む余地はない」ということなのかもしれない。もちろん、どのような関心を持つべきかは人それぞれ見解が異なるところであろう。ただし、一般的に言って、政治に関心を持つことは「良いこと」とみなされているし、選挙前になればそうした啓蒙活動もしばしば行われる。しかし、政治への関心を持つことで、陰謀論に近づく可能性を高めることを考えると、必ずしもそれが純粋に「いいこと」とは限らず、「副作用」もあるということを念頭に置いておく必要があると言える。

3 政治の知識は陰謀論の防波堤となるか？

「正しい知識」と陰謀論

前節では、政治的関心の高さが陰謀論を受容しやすくなる効果を持つことを明らかにした。そこで次に、「政治的洗練性」の指標としてもうひとつの重要な概念である「正しい政治の知識」の多寡に注目してみたい。先ほど検討した政治的関心と本節で扱う政治的知識は、どちらも政治的洗練性の概念の中核にある。ただし、政治に関心を持つことと、政治の知識を(たくさん)持ち合わせることは、認知コストの観点で違いがある。すなわち、政治的関心は、政治の出来事に注意を向けているかどうかという「意向」の問題であるのに対して、政治的知識は、単に関心を持つだけでは十分ではなく、関心を持って得た情報を、能動的に認識・理解した上で、さらに記憶として定着させる必要がある。

たとえば、英語力向上のための方法に関心があったとしても、それがどのような方法であるかを知り、理解し、実践しなければ、実際に英語力は身につかないことを考えてもらえればわかりやすいだろう。これと同様に、政治の出来事に一定の関心を持つこと以上に、そこで得られた情報を自分なりに解釈・理解・整理するためには、それ相応の能力や時間が必要となる。こうしたことを考えると、政治的関心が高いことが陰謀論を引き寄せるとしても、その先にある政治的知識をしっかり身につけていれば、陰謀論に対して一定の防御効果を持ちうるかもしれない。

ただし、政治的関心と陰謀論の関係と同様に、そうした考え方とは異なるメカニズムが働くことも考えられうる。つまり、政治的知識を身につけることによって、そこから派生する別のさまざまな政治的情報にアクセスしたくなって、その結果、さらに得た政治的情報の中に陰謀論が含まれる可能性も高めてしまうかもしれない。政治的な知識が「好奇心」に変化し、旺盛な好奇心が逆に陰謀論を信じる動機となってしまうというメカニズムである。「動機づけられた推論」という観点から見ても、政治的関心とは異なる概念として、政治的知識の多寡と陰謀論受容の関係を明らかにすることは重要である。

COVID－19の起源をめぐる陰謀論

この点を明らかにするために、以下では、現在も議論が続いているCOVID－19の発生原因をめぐる「陰謀論」を事例としてデータ分析を通じて検証したい。

COVID－19をめぐっては、第1章でも述べたように、パンデミックはでっちあげといった陰謀論や、ワクチンをめぐる数多くの陰謀論がソーシャルメディアなどで拡散され、現在でも社会的な問題となっている。そうした陰謀論の中でも、特にCOVID－19の発生源をめぐっては、国際的にもさまざまな憶測や議論が巻き起こっている。

とりわけ、世界で最初に新型コロナウイルス感染症が広まったとされる中国・武漢市にある武漢ウイルス研究所がCOVID－19の発生源とする説（以下では、武漢ウイルス研究所起源説と呼ぶ）は、コロナ禍が始まった2020年初頭から広く噂されてきた。そして、この武漢ウイルス研究所起源説が広まるきっかけとなったのは、アメリカ前大統領のトランプの発言にある。トランプは、COVID－19が世界中に蔓延しはじめた2020年3月ごろから、新型コロナウイルスを「武漢ウイルス」（Wuhan Virus）とか「中国ウイルス」（China Virus）と呼び、さらに記者から「このウイルスの発生源が武漢ウイルス研究所だと確信を得るものを見たか」と聞かれた際には「ああ、見たさ」と答えただけでなく、中国側が故意にウイルスを作り出した可能性があることまで仄めかす発言をしている。こうした一連の発言に対しては、アメリカ国家情報長官室（ODNI）が「引き続き最新の情報を精査し、このアウトブレイク（大流行）がウイルスを保有している動物由来なのか、武漢の研究所で起きた事故の結果なのかを見極めていく」とする声明を発表する事態となった。また同声明では、ウイルスはCOVID－19は自然由来の病気だというのが「科学者間の広い合意」であり、

「人工、あるいは遺伝子操作されたものではない」とも明言されている。当然ながら、中国政府側は、トランプの一連の発言を否定しているが、さらにそれにとどまらず、COVID−19の発生源はむしろアメリカにあるといった主張をするなど、まさに「水掛け論」の様相を呈していた。[9]

このように、武漢ウイルス研究所起源説は、トランプがそれまでもさまざまな陰謀論的な発言を繰り返してきた経緯もあり、不確実な話だと一般にみなされてきた。ただし、その後のバイデン政権は、2021年5月下旬に、アメリカの情報機関に対して、武漢ウイルス研究所起源説の真偽を確かめるように指示を出したこと、さらにイギリスの日曜紙サンデー・タイムズが「欧米の情報機関は、武漢ウイルス研究所から流出した可能性があると考えている」と報じたことで、再びCOVID−19にまつわる武漢ウイルス研究所起源説の真偽に注目が集まることになった。ただし、トランプが主張するような「故意の流出」の疑惑よりも、「事故」の要素に焦点が絞られている点で論調は異なる。

いずれにせよ、その後にアメリカの情報機関から出された最終報告書では、最終的な結論を出すことはできないとしながらも、4つの情報機関と国家情報会議（NIC）のほとんどは、動物（コウモリ）からの自然発生であると考えており、おそらく遺伝子操作もされていないだろうと（確信度は低いながらも）評価している。少なくとも、ここでの詳細な調査において、COVID−19が生物兵器として開発されたものではないとの見方では一致している。[10] さらに、パンデミック以前から中国政府がCOVID−19の存在を認識していたという俗説も否定されている。

とはいえ、著名な論文雑誌のひとつであるサイエンス（Science）誌には、科学者18人による連名で、十分な科学的根拠が得られるまで、自然由来説と武漢ウイルス研究所起源説のいずれもの可能性を考慮した上で、政府が責任を持って調査すべきとする提言も発表されており、その真偽については、未だ明確な結論が出ているわけではないという状況にある。[11]

武漢ウイルス研究所起源説を唱える論者は、最初にCOVID−19の症状が確認された華南海鮮卸売市場と武漢ウイルス研究所が揚子江をまたいですぐ近くにあることが、この説の傍証になると考えているようである。とはいえ、世界中の多くの科学者や情報機関が、COVID−19は自然発生的に生まれたものであるとの説（自然発生説）を支持していることも勘案すれば、COVID−19の発生源が武漢ウイルス研究所であったり中国政府自身であったりするという説を信じることは、根拠があやふやで不確実な言説を受容している（したがって陰謀論を受容する心理的素地がある）と捉えることができる。

ヴィネット実験による検証

前述したような武漢ウイルス研究所起源説や中国政府の関与によるウイルス蔓延説を題材として、政治的な知識がある人が信じるのか、それとも知識がない人が信じているのかを検証する。ここでは、第3章および第4章で用いたリスト実験とは異なる実験手法である、ヴィネット実験(Vignette Experiment)を通じて検討する。以下ではまず、ヴィネット実験とはどのような方法であるかを簡単に説明しておきたい。

ヴィネット実験は、より専門的に言えば、ランダム化要因配置実験(Randomized Factorial Survey Experiment:RFSE)と呼ばれる方法のひとつとして位置づけられている。RFSEの特徴は、仮想のシナリオを用意し、シナリオを構成する複数の要素を分解して、それらをランダムに変化させて、各要素の効果の大きさや確からしさを分析する点にある。つまり、ある話題を形づくるさまざまな要素のうち、何が結果に対して最も大きな効果を持っているのかを統計的に推定するのである。

具体的に例を挙げてもう少し詳しく説明しよう。たとえば、どのような政党が、どのような政策を主張することで、人々の支持が高まるのかを検証したいとしよう。このようなときに、ヴィネット実験は非常に有用な方法となる。オーソドックスな方法としては、アンケート調査上において、「〈処置1〉(自民党/立憲民主党/日本維新の会/共産党)の政治家が、〈処置2〉(憲法改正/消費税減税/選択的夫婦別姓の導入)を訴えている」といった仮想シナリリオを作成して読んでもらい、そのシナリオに対して、「この政治家を支持しますか、支持しませんか」と尋ねて答えてもらうようなやり方である。このときに、シナリオ内の〈処置1〉ないし〈処置2〉の中には、各処置の後ろにかかれたカッコ内から、（コンピューター上で）ランダムに1つが表示される仕組みを採る。なお、ここでの〈処置1〉ないし〈処置2〉のことを「属性」と呼び、カッコ内の中に含まれる要素を「水準」と呼ぶ。

すなわち、各水準はランダムに表示されるため、回答者ごとにそれぞれ、まったく異なる内容のシナリオが提示され答えることとなる。たとえば、ある人は『自民党の政治家が、憲法改正を訴えている』といった内容が表示され、また別の人は『共産党の政治家が、消費税減税を訴えている』といったシナリオに対して答えることとなる。この例の場合、属性が2つで、それぞれの属性には、〈処置1〉には4水準が、〈処置2〉には3水準が用意されているので、合計12パターンの組み合わせが考えられる。このように、複数の属性をランダムに組み合わせることで、1つひとつの要素（水準）が、結果（ここで言えば、支持するかしないか）に対して、どの程度の効果を持っているのかを統計的に推論することができる。

武漢ウイルス研究所起源説に関する実験のデザイン

前述した要領にもとづいて、ここでは、以下に示すようなウイルスの発生源をめぐる仮想のシナリオを作成し、そのシナリオ内の6つの属性に含まれる水準をそれぞれランダム化する形でヴィネット実験を行った。この実験は、2021年8月に、全国の男女2001人を対象とするウェブ調査上で実施した。[12] この実験の中核をなす具体的なシナリオ内容は以下の通りである。

【実験デザイン】

これから6つの、ある仮想のニュースをお読みいただきます。それぞれのニュースで示される「スクープ」の内容について、あなたは、どの程度信用できるかについて教えてください。

ただし、お読みいただく6つのニュース内容（〈ニュース1〉〜〈ニュース6〉）は、それぞれまったく関係していない、独立した別々の報道だと考えてください。

〈ニュース○（○は1〜6）〉

世界中に大きな影響を与えている新型コロナウイルスの発生源に関して、先日、〈属性1〉の〈属性2〉メディアが、新型コロナウイルスが急速に世界中に蔓延した背景に〈属性3〉〈属性4〉が関わっているというスクープを報じました。

	属性4	属性5	属性6
	レトリック	反論の主体	反論内容
	言及なし 大きく 実は 裏で 実は裏で 裏で大きく 実は裏で大きく	菅首相 WHOのテドロス事務局長 トランプ前米国大統領 バイデン米国大統領 習近平中国国家主席	コメントしない 否定 強く否定 フェイクニュースだと強く否定

こうした一部の報道に対して、〈属性5〉は、〈属性6〉する談話を発表しているものの、この件に関するさらなる詳細な調査を求める声もあがっています。

《選択肢》
信用できる（4）／ある程度は信用できる（3）／あまり信用できない（2）／信用できない（1）／答えたくない

この実験では、新型コロナウイルスの起源をめぐって①どの国（属性1）の、②どのようなメディア（属性2）が、③どのような起源説（属性3）を、④どのように伝えたか（属性4）、さらに、そのスクープ内容に対して、⑤誰が（属性5）、⑥どのような反論をしたか（属性6）という6つの属性により構成されて

	属性1	属性2	属性3
	メディアの発信国	イデオロギー	COVID-19 発生源
水準内容	アメリカ ヨーロッパ 中国 日本	リベラル系 左派系 保守系 右派系 政府系	武漢ウイルス研究所 中国政府 世界的な秘密結社 米・大手製薬会社

表5-1
属性と水準の内容

いる。また、各属性に含まれる水準は表5−1に示した通りの内容を用意しており、それぞれの属性ごとにランダムにいずれか1つの水準が表示される仕組みとなっている。また、本実験では、最終的な統計分析における推定の安定性を確保するために、6回に分けて、異なるシナリオ内容について回答してもらった(6回ともすべてのシナリオの内容は異なるものである)。

さて、これらの属性の中で最も注目するのは、属性3のCOVID−19発生源である。ただし、陰謀論をより「真実味」があるように仕立てるために、そのパーツの中には、事実や論理的に正しそうな内容を含ませることがしばしばある。たとえば、辻隆太朗は、陰謀論を構成する内容に関して、「共有される一連の(筆者注:誤情報の)パーツがあり、それらの取捨選択と組み合わせによって個々の陰謀論が構築され」、「ある論理の帰結だけを受け入れて、それを導いた前提は別のものと入れ替えてしまう」と指摘している。[13] このような陰謀論の特徴をふまえて、陰謀論の「パーツ」のうち、どの要素が、陰謀論を信じさせる要因となっているのかを把握できるように工夫している。

「正しい」政治知識との関連

本節で注目するのは、政治的知識の多寡との関連についてである。そこで、以上の実験データを用いて、政治的知識の高い人と低い人で、陰謀論を信じる程度に差があるのかを中心に検証する。この点を検証するために、本調査では、政治的知識の程度を測定するための質問（クイズ）も用意している。以下のような4つのクイズを出題し、その正答数を政治的知識の量として定義することとした（正解は各選択肢の一番最初に示しているが、実際の調査では、これらの順序はすべてランダムにしている）。

【質問文】

これから、日本の政治や社会に関連する、4つのクイズを出題します。それぞれのクイズ内容の回答として、「最もふさわしい（正解）」と思う選択肢を1つずつお選びください。もし、質問の内容がわからなかったり、答えがわからない場合は、遠慮なく「わからない」をお選びください。

Q1 日本国憲法で、戦争放棄条項を含むのは第何条でしょうか。（質問1）

▼第9条
▼第1条
▼第25条
▼第96条
▼この中に正解はない
▼わからない

Q2 日本の行政について、内閣は行政について、誰に責任を負っているでしょうか。（質問2）

▼国会
▼官僚
▼最高裁判所
▼天皇

▼この中に正解はない
▼わからない

Q3　現在（筆者注：2021年8月当時）、政府の新型コロナウイルス感染症対策担当大臣を担当しているのは誰でしょうか。（質問3）
▼西村康稔
▼麻生太郎
▼菅義偉
▼河野太郎
▼この中に正解はない
▼わからない

Q4　LGBTなど性的少数者の課題解決に関する法制化をめぐり、自民党側が主張していた法案名はどれでしょうか。（質問4）
▼LGBT理解増進法
▼LGBT差別解消法

▼ＬＧＢＴ機会均等法
▼ＬＧＢＴ権利拡大法
▼この中に正解はない
▼わからない

なお、以上4つのクイズそれぞれの正答率は、質問1では78・72％（「第9条」）、質問2では33・75％（「国会」）、質問3は50・54％（「西村康稔」）、質問4は8・87％（「ＬＧＢＴ理解増進法」）であった。また、全体の正答率の分布は図5－4の通りである。図5－4を見てわかるように、全問正解した人（政治的知識が極めて高い人）は全体の3・1％に過ぎず、逆に全問不正解だった人（政治的知識が極めて低い人）は13・7％であった。図5－4の分布もふまえて、分析上では、正答なしの人を「低知識層」、正答数が1～2の人を「中知識層」、正答数が3～4の人を「高知識層」と分類し、各知識層ごとに、陰謀論受容の程度を検討していく。

実験結果

まずは、知識層ごとに分けて分析する前に、回答者全体の傾向について実験結果を確認し

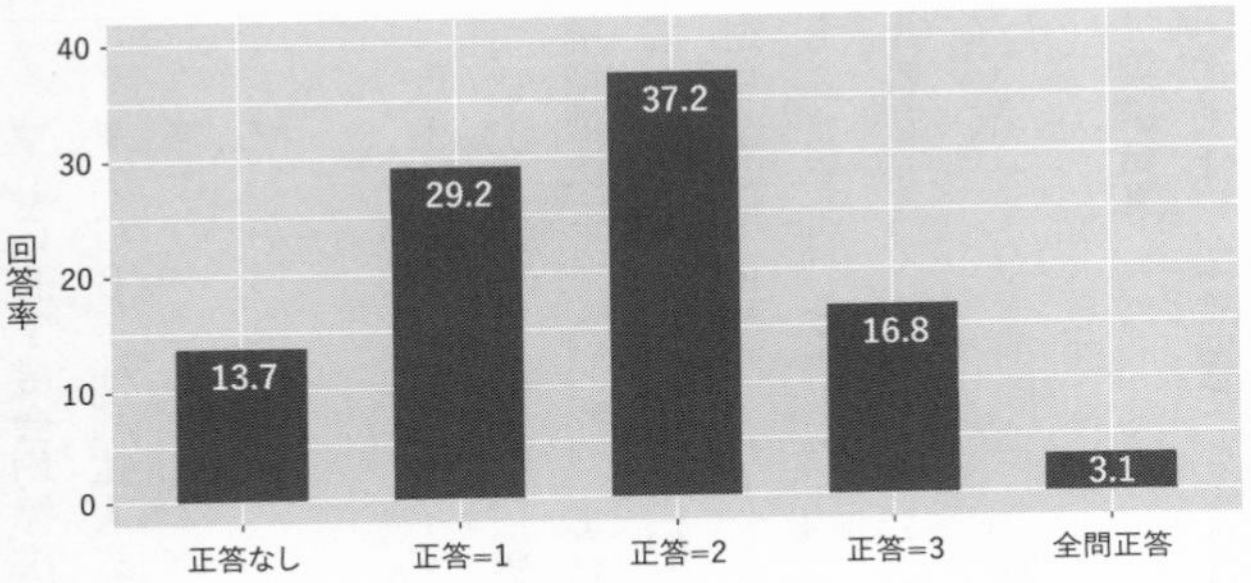

図 5-4
政治的知識の分布

ておきたい。図5－5は、属性ごとの各水準が、どの程度陰謀論を信じさせる効果を持つのかを推定した結果（ここでは、Marginal Means と呼ばれる指標を用いた）である。分析方法はこれまでとやや異なるが、結果の図の見方はこれまでと同様である。図5－5を見ると、陰謀論を信じるかどうかを規定する要因として、COVID－19の発生源（属性3）が最も重要な要素になっていることがわかる。具体的には、COVID－19の世界的蔓延に関わっている組織が、武漢ウイルス研究所あるいは中国政府だと示された場合、かなり高く、その説（シナリオ）全体を信じる傾向にある。逆に、俗説的な陰謀論でよく取り上げられる「世界的な秘密結社」とか「アメリカの大手製薬会社」の関与については（さすがに）信じられていないようである。またそれ以外の属性についても確認すると、メディアの発信国（属

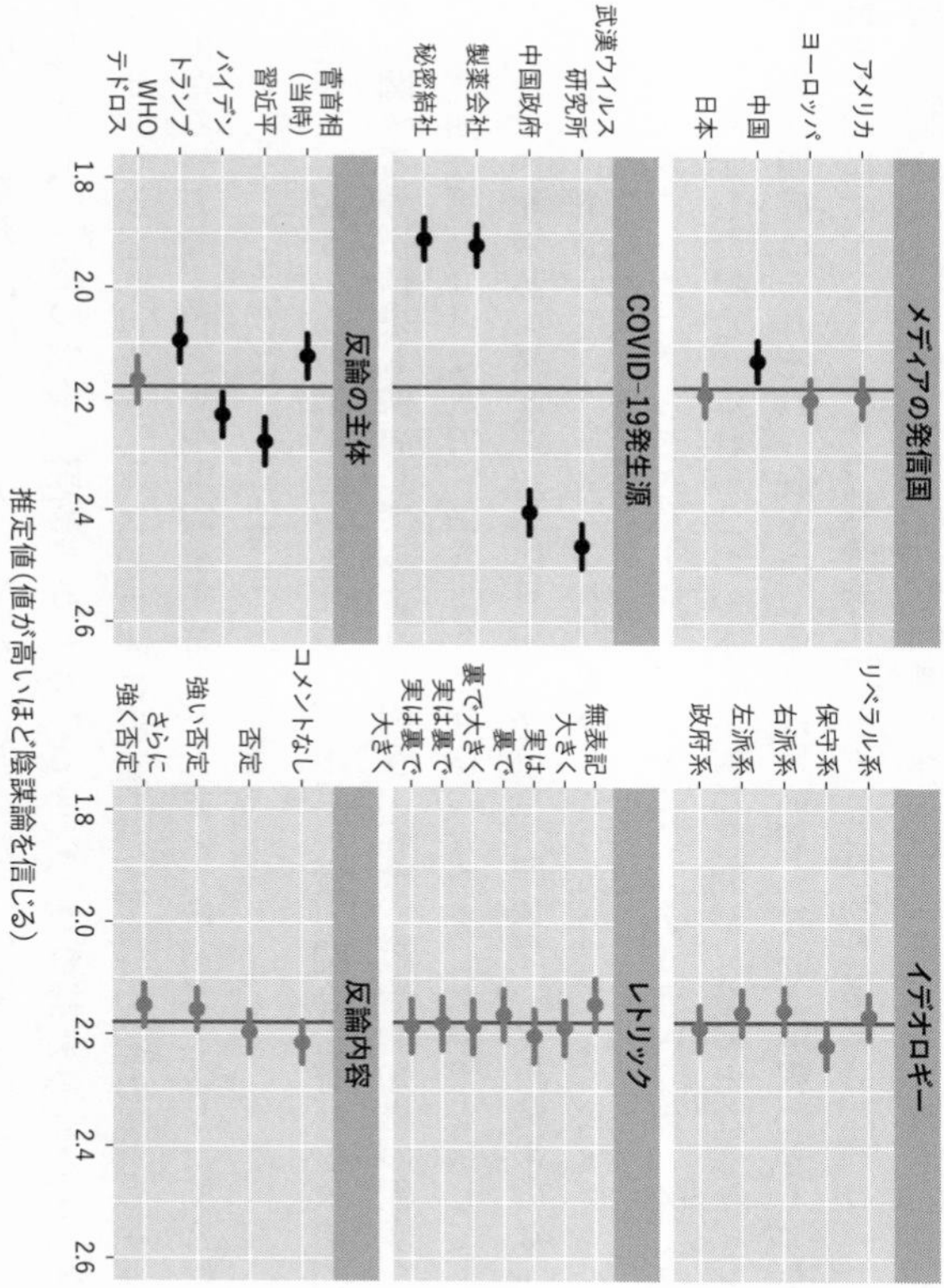

図5-5
回答者全体の分析結果

性1）において、中国メディアの場合は負の方向にある。つまり、多くの日本人は（その内容はなんであれ）中国メディアの報道を信じない傾向にあると言える。また、反論の主体（属性5）でも、一定の効果を確認することができる。この結果によると、菅義偉首相（当時）やトランプが怪しげなウィルス蔓延説に反論した場合は、その説（シナリオ）を信じないようになる一方で、習近平中国国家主席・バイデン大統領が主張した場合は、逆にそのような説（シナリオ）を信じやすくなるようである。

続いて、図5－5の結果をふまえつつ、本章が最も関心を寄せる政治的知識の多寡との関連に関する分析結果も検討してみよう。図5－6は、政治的知識の程度を低知識層・中知識層・高知識層に分けた上で、図5－5と同様の分析をした結果を示している。とくに、COVID－19発生源（属性3）に注目してみると、興味深い分析結果となっている。具体的には、政治的知識が高い、あるいは中程度の人々のあいだでは、武漢ウィルス研究所起源説や中国政府関与説がかなり強く信じられていることがわかる。それに対して、政治的知識の低い層に限定した場合、これら2つの水準の信頼区間が、基準となるラインと重複していることから、明確にそれぞれの説を信じるとは言い切れないと解釈できる。ただし、図5－4の結果と同様に、「アメリカの製薬会社」とか「世界的な秘密結社」といった、まさに荒唐無稽な陰謀論については、どのような知識レベルの人であっても否定的に見ているようである。

ただし、この実験結果は、自然発生説を信じるかどうかと比較しているわけではなく、それゆえに「知識が少ない人は陰謀論を信じない」ことを直接に指摘できるわけではない。とはいえ、一定程度「それらしい」陰謀論については、知識の高い人ほど信じる傾向にあると整理することができるだろう。

これらの結果をまとめると、ＣＯＶＩＤ－19の発生源に関して、武漢ウィルス研究所起源説や中国政府関与説といった、未だ明確にされていない不確かな内容を信じる傾向にあるのは、政治的知識が中程度以上の人々に限定されるのであり、政治的知識が低い（ない）人は、そうした説を信じる傾向を明確には指摘できない。また、典型的な陰謀論で見られるような組織（製薬会社や秘密結社）は、政治的知識の程度とは無関係に、全般的に信じられていないと見ることができる。

なお、本書では、紙幅の関係上、他の属性の効果については触れることはしないが、図５－６を見ていただければ、政治的知識の量によって、陰謀論を信じる度合いが大きく異なることが見て取れるだろう。

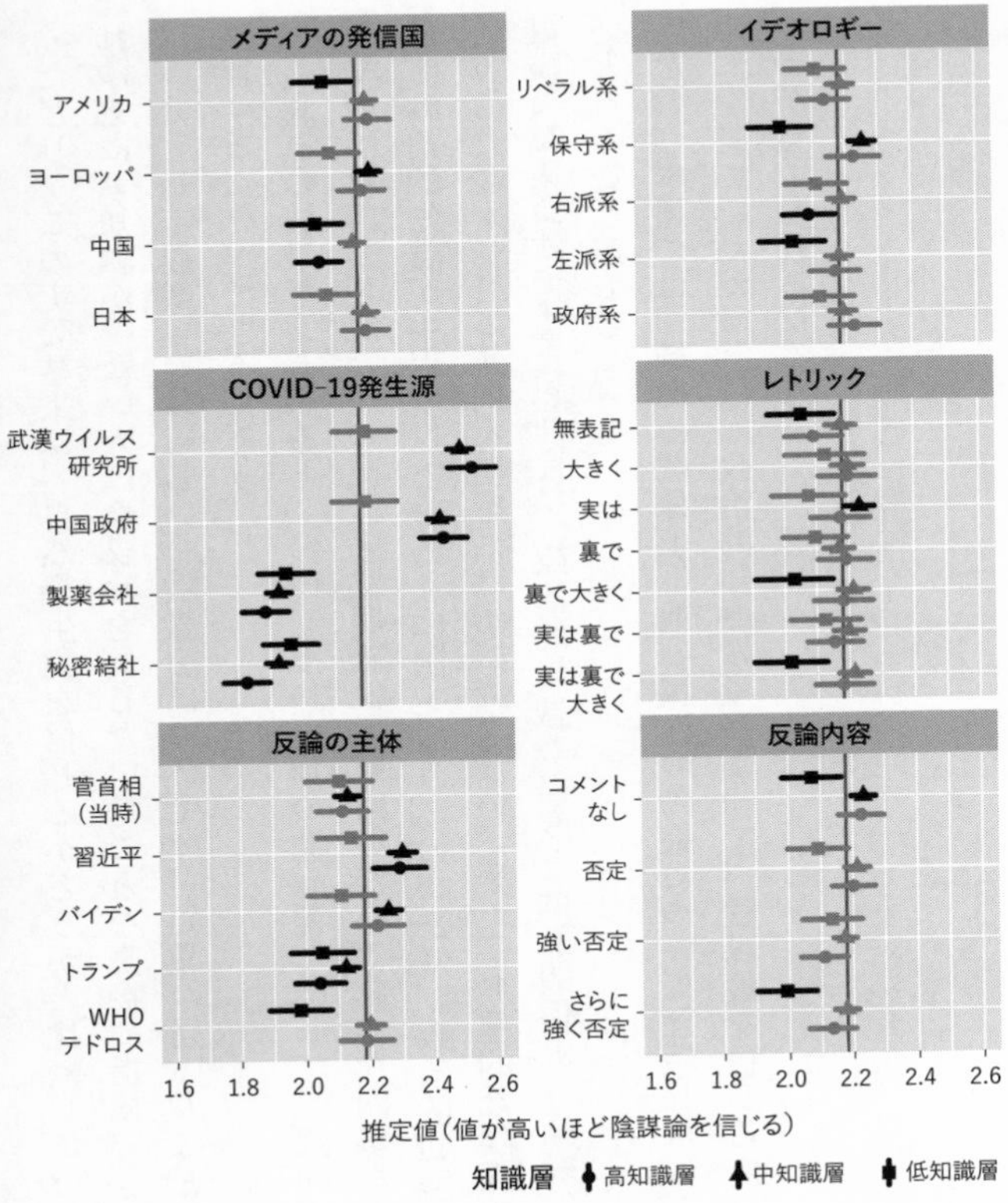

図 5-6

知識層ごとの分析結果

4　小括——「政治に詳しい人」における陰謀論受容のメカニズム

本章のまとめ

本章では、政治的関心が高かったり、政治に関する知識を多く持ったりするような、いわゆる「政治に詳しい」層（政治的洗練層）における陰謀論の受容について検討してきた。陰謀論の蔓延が社会的に問題視される中で、こうした言説を真に受けないようにするためには、各人が「正しい知識」を身につけることの重要性がつとに指摘される。とりわけ、政治分野における陰謀論の場合、それを見聞きした際に真偽を見極めるためには、日常的に政治に関心を持ち、正しい知識を身につけることがとくに重要になると考えられている。他方で、政治について関心を持ったり、自律的に政治の知識を高めようとする人（政治的洗練性の高い人）は、さまざまな政治的・社会的な話題にも好奇心を持ちやすくなることから、その好奇心を媒介にして、むしろ陰謀論に接近する可能性を高めてしまう可能性もある。

以上２つの相反するメカニズムのうち、いずれが現実に妥当しているのかについて、本章では、２つの実験により検証を行った。１つ目の実験は、第３章でも取り上げた３つの陰謀論を再び取り上げて、さまざまな対象に向ける関心の度合いとの関連について検証した。その結果、政治的関心や時事的関心の高い人ほど、陰謀論をより受容しやすい傾向にあること、そして同時に、日常生活に関係するプライベートなことへの関心の高さは、むしろ陰謀論の受容を防ぐ効果があることが明らかとなった。

2つ目の実験は、COVID－19の発生源に関する武漢ウィルス研究所起源説や中国政府関与説を取り上げ、政治的知識の多寡との関係について検証した。少なくとも現時点では、中国政府関与説はいくつかの公式的な団体の検証により否定されているし、武漢ウィルス研究所起源説についてはその真偽が明確になっていない。また多くの科学者や情報機関は、自然発生説を支持していることを念頭に起きつつ、以上2つの説を誰が受容しているのかについてヴィネット実験を行った。実験結果からは、世論全体で、武漢ウィルス研究所起源説や中国政府関与説が受容されていることが明らかになったが、その傾向は、主に政治的な知識が中程度以上の層によって支えられていることもわかった。同時に、世界的な秘密結社とかアメリカの製薬会社が関与していたというような「荒唐無稽な俗説」については、政治的知識の多寡に関係なく、明確に信じられていないことも確かめられた。

以上2つの実験結果を総合すると、政治的関心が高く、政治的な知識の高い人のほうが、「それらしい」陰謀論を受容しやすい傾向にあると結論付けられよう。すなわち、政治的洗練性の高さは、好奇心を高めることによって、陰謀論に接触する確率を高めるだけでなく、それを受容しやすくしてしまう「負の効果」があると言えるのである。

「政治に詳しくなること」の副作用

世の中には、政治の出来事に強く興味を持っている人もいれば、ごく身近な日常の出来事にのみ関心を持ち、政治や公共的な話題とはまったく無縁な世界で生きている人もいる。たとえば、あらゆる選挙のたびに行われる「日頃から政治に関心を持ちましょう」とか「あなたの一票で政治を変えよう」といった啓発の標語からも明らかなように、社会的に見て、日頃から政治に関心を持ち、政治の情報に数多く触れて、知識を身につけることは「よいこと」とされている。

もちろん、1人ひとりが日頃から政治の話題に接し、政治のことを考えることは、民主主義の維持・発展という観点から重要であることは言うまでもない。ただし、本章の分析結果が示すように、「過度に」政治への関心を持つことは、本来得る必要のない情報に近づくだけでなく、陰謀論を信じやすくしてしまうというリスクがあることにも目を向けるべきである。

政治や社会の問題についてよく注意を払ったり、勉強したりする人ほど、さらに深く、その問題の歴史的な背景や、そうなっていることの「原因」についても知りたいと思うようになるのは人間の基本的な性質であろう。それがいい方向に転べば、専門性が高まり、適切な資料・データを吟味した上で鋭い提言を繰り出せるような、人々から尊敬を集めるオピニオンリーダーになれるかもしれない。しかし、現実はどうだろうか。とりわけ「政治」について関心を持ちすぎることによって、いたずらに相対する政治的意見への対立意識を深めたり、異なる意見を持つ他者への寛容性を失ったりする有様が、さまざまな場面で観察される。これまで取り上げてきたネット右翼やオンライン排外主義者、あるいは特定の政党を支持する人々も、結局のところ、政治に過度に関心を持っていたり、自らのレンズが特定の政治的な見方に「染まりすぎている」がゆえに、陰謀論に吸い寄せられていると言えるのかもしれない。政治に詳しくなることの副作用に接するほど、「何事もほどほどに」というありふれた警句の深さが身に染みるのである。

終　章

民主主義は「陰謀論」に耐えられるのか？

1 特効薬なき「陰謀論」から逃れるために

「誰が陰謀論を信じるか」を知ること

この数年来、新聞やテレビ、あるいはソーシャルメディアなどで、「陰謀論」が引き起こしたさまざまな問題に大きな注目が集まった。トランプの数々の発言、コロナ禍を引き起こした未知のウイルスに関する怪しいうわさ、ワクチンをめぐる奇想天外な説、ロシアのウクライナ侵攻に関するものなど、数え出すとキリがないほどに陰謀論が溢れ出し、社会的にも重要な問題として広く知られることとなった。さらに、陰謀論的なものの見方をする人、すなわち陰謀論的信念の強い人は、単一の陰謀論を信じているのではなく、あらゆる陰謀論的な言説を信じる傾向にあることも指摘されている。たとえば、東京大学の鳥海不二夫が行ったツイッターの分析によると、「ウクライナ政府はネオナチ」というロシアの言い分を拡散している人のうち、約87%が反ワクチン系のツイートを、さらに約47%の人がQアノンに関する陰謀論を拡散していた。[1]

このように、陰謀論の広がり方（拡散の仕方）や、陰謀論そのものの言説構造に関する研究は、とくに2010年代後半以降、国内外で数多く見られるようになった。他方で、現代の日本社会において、誰が、どのような理由で陰謀論を信じているのかという具体的な実態については、ほとんど明らかになっていない。もちろん、そうしたことを検討する論稿もないわけではないのだが、筆者が知る限り、データにもとづかない憶測、身近な数人の事例にもとづく指摘にとどまるものがほとんどであった。あるいは、より「自由」なメディアであるソーシャルメディア上では、「○○党支持者は陰謀論者だ」とか「右／左派はだいたい陰謀論しか言わない」といった誹謗中傷に近い決めつけのような言説まで散見される。しかし、筆者に言わせれば、これらの指摘はすべて、単なる「印象論」に過ぎない。気に入らない他者のことを、根拠もなく、自身の都合にあわせて「陰謀論者」扱いしたり、憶測だけで誰が陰謀論者なのかを決めつけたりすることは、自由な発言を萎縮させるだけでなく、健全な議論の場を奪う危険な行為でもある。

本書は、まさにこうした点に強い問題意識を持った上で、実態として、日本人はどの程度、どのようなメカニズムで陰謀論を信じているのかについて、データや議論の立て方に限界があることは承知しつつも、できる限り多面的な視点から、実証的に検討してきた。この問いをひもとく上で、本書では、とくに以下の2点に注意を払ってきた。1点目は、現代の社会科学における研究水準を一定程度担保しながら検証を行うことである。そのため、とくにデータ分析に関する記述の中には、専門的でわかりにくい内容も含まれていたかもしれない。しかし、ある実態を描くためには、それ相応の工夫とか（数学的・統計学的な）技術が必須であり、理解しやすさとトレードオフの関係にある。証拠に頼らず、類推や憶測だけで陰謀論を信じる人を検証することは、そうした検証自体がむしろ「陰謀論」になってしまいかねない。ミイラ取りがミイラになってしまっては元も子もない。そうした点に留意して、やや専門的な内容になっていたとしても、一定の分析の質を維持することを優先した。

もう1点は、日本政治や社会の文脈を意図的に切り離して、あまりそこには踏み込まない形で議論を展開することを試みた点にある。たとえば、第3章や第5章で取り上げた「日本政府と……は裏でグルだ」という陰謀論について言えば、この時期にあった安倍政権をめぐるさまざまなスキャンダルの発覚が、実験や調査の背景にあることは間違いない。しかし、そうした細かな政治的・社会的な文脈まで考慮すると、陰謀論の受容メカニズムとはまったく別の内容にまで焦点を合わせざるを得なくなり、本書の目的にストレートに答えることができなくなると考えた。それゆえに、本書の実験結果を読み解く上では、そうした「文脈」の効果も含まれている点にやや注意が必要かもしれない。とはいえ、実態についてデータを得ようと試みるとき、あらゆる文脈から切り離した、いわば「真空状態」で行うことなど不可能であり、必ず社会や政治との結びつきが発生する。各章の最後の小括では、できる限りこの「文脈」も織り交ぜた解説を加えたつもりではあるが、不十分な箇所もあったかもしれない。その評価は読者に委ねたい。

各章の振り返り

以上のように、本書では「誰が、なぜ陰謀論を信じるのか」という問いに対して、一貫してデータ分析を通じて明らかにしてきた。そこで、各章の内容を振り返りながら、この問いに対する答えをあらためて導出したい。

まず第1章では、陰謀論の定義を確認するとともに、日本人でも、少なくない人が陰謀論的信念を持っていることを明らかにした。さらに、本書を貫く縦糸として「動機づけられた推論」というメカニズムを紹介し、実際に、支持政党によって、受け入れやすい陰謀論とそうでない陰謀論があることを示した。第2章では、メディアの利用が陰謀論的思考といかなる関連を有するかについて検討した。とりわけ、ツイッターをはじめとするソーシャルメディアには、「陰謀論の巣窟」とも言われるほど怪しいうわさ話やフェイクニュースが飛び交っている。そうした中で、新聞やテレビ報道といった伝統的なメディアと、ソーシャルメディアでは陰謀論の受容の程度がどのように異なるのかを詳しく分析した。その結果、とくに

「陰謀論の巣窟」として悪名高いツイッターの利用頻度の高さは、むしろ、陰謀論的思考の低さと関連していることがわかった。他方で、ツイッターの利用が陰謀論的信念の低さと関連しているにもかかわらず、「ツイッター悪玉論」のような言説がよく見られるのはなぜなのかについて、第三者効果のメカニズム、つまり「私は陰謀論に騙されやすくはないが、多くの人は陰謀論に騙されやすい（ように感じる）」という心理傾向が、「ツイッター悪玉論」の認識を生み出す原因となっているのではないかと考え、この仮説をあらためて検証した。その結果、ツイッターの利用頻度が高い人ほど、この第三者効果の意識が強いことが明らかになった。

第3章以降では、特定の政治的な考え方を持つ人々に焦点を合わせて、陰謀論受容との関連について検討してきた。第3章では、自分自身を「普通」だと考えている人々（普通自認層）について検討した。分析の結果、普通自認層ほど、韓国やリベラル政党に対して否定的であること、さらに、いわゆるネット右翼やオンライン排外主義者がしばしば主張する陰謀論をより強く受容しやすい傾向にあることが示された。さらに、リスト実験によってより厳密に分析したところ、やはり普通自認層では、特徴的に陰謀論を信じやすい傾向にあることが示された。「普通の日本人」という認識を持つ人々こそが、日本人の平均とは言えない意見を持ち、陰謀論蔓延の源泉のひとつとなっている可能性が示唆されたと言えよう。

第4章では、左派・リベラル派が支持者の中心とされる（日本維新の会や国民民主党を除く）野党支持者と陰謀論受容の関係に着目して分析を試みた。一般的に、陰謀論は右派（保守派）のほうが信じやすいと言われる。しかし、「動機づけられた推論」にもとづけば、左派・リベラル派であっても、陰謀論の内容がリベラル派に好意的に受け取られる内容であれば、それを受容する可能性も十分にあると考えられる。とりわけ、現状の野党支持者は、この10年近くのあいだにあらゆる国政選挙で敗北を喫し続けている。このことを鑑みると、自らの政治的意見がほとんど政治に反映されない状態が長く続いている野党支持者は、政府の正統性そのものに疑念を持っている可能性がある。そこで、「選挙制度」に関する認識を分析したところ、野党支持者は、与党支持者に比べて、選挙はクリーンに行われていないとか、現状の政治制度に対して否定的な感情を抱いていることがわかった。さらに、リスト実験の結果より、野党支持者は、とくに投票権年齢の18歳引き下げに関する制度変更について、一般に言われるような「若者の政治的活性化のため」といったポジティブな意味だけではなく、政府・与党の都合がいいように変更されたという陰謀論的な発想にもとづく言説を信じる傾向にあることも明らかになった。リベラル派であっても、反政府・反自民的な陰謀論であれば、それに飛びついてしまう傾向にある。

第5章では、政治的洗練性という概念を元に、政治的関心と政治的知識という2つの要因が、陰謀論の受容とどう結びついているのかについて検討した。一般には、政治への関心や知識の高さには、陰謀論のような怪しい情報をブロックする防波堤の役割があるとみなされている。しかし、政治への関心や知識は、一種の好奇心を生み出し、それが陰謀論に接触する確率を高め、結果的に陰謀論を信じさせてしまう可能性も考えられる。この相反するメカニズムのうち、どちらが妥当なのかについて、第5章では2つの実験を使って検証した。

そのひとつでは、第3章で検証した陰謀論を再び取り上げて、さまざまな対象に向ける関心の度合いとの関連を検証した。その結果、政治や時事的な問題に関心のある人ほど陰謀論を信じやすく、逆に、公的な話題とは無縁の、プライベートな出来事に没頭している人のほうが陰謀論を信じにくい傾向が明らかになった。もう一方の、政治的知識と陰謀論受容の関係については、COVID－19の発生源に関する陰謀論を事例としたヴィネット実験を通じて検証した。その結果、政治的知識が中程度以上の、より知識レベルの高い人ほど、COVID－19の発生源について、武漢ウイルス研究所起源説や中国政府関与説といった真偽不明な説を信じていることがわかった。これらの知見を総合すると、政治的関心・政治的知識のいずれにおいても、それらの程度が高いほど、つまり政治的に洗練されている人のほうが、むしろ陰謀論を受容しやすい傾向にあることが明らかになった。

人には人の陰謀論

「なぜ」陰謀論を信じるかという問いと、「誰が」陰謀論を信じるかという問いは、質的に見てもやや異なる話題ではある。しかし、そうした問いへの答えは、両軸で行う分析の中から見出すしかない。本書の分析結果を敷衍すると、ネット右翼やオンライン排外主義者に近い意見を持つ「普通」意識を持つ人、リベラル左派が多くを占める野党支持者、あるいは、政治に関心が高かったり知識が高かったりする人も、みな、「自分の信念に沿う」陰謀論を信じる傾向にある。こうした分析の結果から導かれる答えを整理するならば、「誰が」に対応する答えは「誰もが」ということになるだろうし、「なぜ」に対応する答えは「自分のモノの見方を支えてくれているから」ということになるだろう。

さらに言えば、こうした日本人における陰謀論受容のメカニズムを考えると、一律的に陰謀論に引っかかりやすい人など実は存在せず、(筆者を含めて) あらゆる人がいつ陰謀論に引っかかってもおかしくないと考えるほうが適切であるように思われる。

そして、より重要なポイントは、「誰が信じるか」よりも、「自分の正しさを支えてくれるから信じる」という陰謀論受容のメカニズムのほうにあると考えている。右派でも左派でも、特定の政党を支持する人でも、政治的洗練性の高い人でも、一定の政治的信念や「自分は政治に詳しい」という自己認識を持っているはずである。こうした信念や自己認識を持てば持つほど、自身の理解と同じ方向性の言説に飛びつきやすくなってしまうという性質を、我々はよく理解しておく必要がある。陰謀論が、自分の信念や認識の正しさを肯定してくれる「良き友人」となりうる点にこそ、大きな問題が潜んでいると言えるだろう。

陰謀論から逃れるために

こうした知見を元に、陰謀論を信じるメカニズムを考えると、陰謀論のほうが人々にすり寄ってくるというよりも、むしろ、人々が好んで陰謀論にすり寄っていくという解釈のほうが妥当だとも言える。またそうであるからこそ、陰謀論から距離をとっていると思っている人でも、知らないあいだに陰謀論のほうへと近寄っている可能性が常にあると考えておいたほうがいいだろう。

これまでの議論を振り返ってもわかるように、「陰謀論から逃れる術」を一言で言い表すことは非常に難しい。事実、これまで研究者や実務家などから提示されてきた解決策は、ほとんど抽象的な提言に留まっているようにも思われる。それだけ、陰謀論と個々人の信念とは容易に結びつきやすい。

それでも、本書の分析結果は、解決策を模索する上で、いくつかのヒントを与えてくれている。たとえば、第5章の検証は、この点を考える上で極めて参考になると言えるだろう。

すなわち、政治に関心があったり、知識を深めたりすることは、陰謀論の受容を妨げるどころか、むしろ吸い寄せる効果を発揮することがあるという知見である。こうした研究成果に忠実に提言をするならば、政治や社会の出来事に一切関心を持たないようにして、ひたすら日常生活をエンジョイしよう、ということになる。しかしながら、言うまでもなく、これがベストアンサーと思う人は少ないだろう。この提言を実践する先に待っているのは、多くの人が選挙に行くことをやめ、政府のやることに無関心を貫くという社会である。そのような社会では、ごく一部の利益だけを守ろうとする政治家や政府による好き放題な行動が野放しになってしまう。そうしたことも鑑みた上で、より現実的な提案として言えることがあるとすれば、やはり「バランス感覚を持とう」ということに尽きる。すなわち、政治について「そこそこ」の関心や知識を持ち、「そこそこ」の気持ちで支持政党を応援するという態度である。

あるいは、関心や知識とは異なる次元の態度としての「リテラシー」を考えることも重要な視座である。そもそも、あるうわさ話を見聞きして、瞬時に「これは陰謀論だ」と認識できるのであれば、陰謀論に騙されることなどない。裏返せば、その話が陰謀論かどうかをある程度認識できれば、それを受容するリスクも大きく低減させることができる。しかし、そうしたリテラシーを身につけろと言われても、どのように実践すればよいのか迷う人もいるかもしれない。そこで提案したいのは、うわさ話を見聞きした際に、「それは自分が考えていたことと同じことを言っている」と思ったら要注意だと、常に意識しておくことだ。さらに言えば、そのようなうわさ話が耳に入ったとき、それは「たまたま耳に入った」のではなく、知らずしらずのうちに、あなたのほうが自ら接触しに行っている可能性がある。こうしたことを自覚しておくことが、ひいては陰謀論から身を守ることになるだろう。

2 陰謀論から民主主義を守るために

政治家も発信する陰謀論？

そもそも、陰謀論が社会的に大きな問題となるのは、社会の構成員の相当数がそれに影響を受けて変化が起きたときである。言い換えれば、何らかのきっかけで陰謀論を信じてしまった人がいたとしても、それがごく少数の人々のあいだだけで完結するのであれば、そこまで大きな問題にはならないだろう。日本で、陰謀論が、欧米圏のように大きな混乱を引き起こす事態とまでなっていないのは、現状では陰謀論を信じる人がそこまで大多数となっていないからだと考えられる。

しかしながら、本書が明らかにしたように、日本でも、多くの人に陰謀論を信じる心理的素地がある。欧米圏のような大きな問題事となってもおかしくない状況と隣り合わせにあるとも言える。そうした状況を考えると、今後、陰謀論が日本の政治や社会全体に、何をもたらすのかについてもあらかじめ考察しておくことも重要であろう。

この点を考える上で、陰謀論は誰が（何が）起点となって広まるのかについてあらためてもう少し考えてみたい。たとえば、ソーシャルメディア上で（強い政治的意見を持つ）一般人の発信から始まるかもしれないし、いわゆるインフルエンサー（とくにウェブ上で発言に大きな影響力を持つオピニオンリーダーのような人々のこと）や、特定の陰謀論サイトが発信源の場合もあるだろう。もちろん、こうした人々から発信される陰謀論にも警戒は必要である。しかし、私たちが最も気をつけるべき存在は、もっと公的な存在、すなわち政治家や政党ではないだろうか。

政治家（議員）や政党を研究する政治学の分野（議員行動論や政党組織論と呼ばれる）では、合理的選択理論の観点から、政治家のさまざまな行動の原理を「再選欲求」に設定して分析することがある。[2]つまり、政治家は、地元の選挙区にさまざまな政治的利益を誘導するなどして、次の選挙でも再び当選することを最重要課題としていると捉えるひとつの見方である。[3]政治家の強い再選欲求は、ときに違法スレスレの選挙／政治活動を生じさせたり、対立候補に対する誹謗中傷に近い口撃を生み出したりする。とりわけ、選挙期間中になると、政治家や政党は、自陣営への幅広い支持を調達するためなら、手段を選ばない傾向にある。アメリカの大統領選や、イギリスのブレクジット（Brexit）、あるいは日本でも大阪都構想をめぐる住民投票などでは、互いの陣営からデマやフェイクニュースが流される様子が報じられたが、まさに「手段を選ばない」ことの好例であろう。

こうした政治家が持つ再選欲求の高さを考慮すると、政治家の側は、常に陰謀論を発信するインセンティブを持っていると考えることができる。実際に、政治家が、自らの政治的立場や政策の正当性や優位性を主張するために、陰謀論を主張する現象も見られる。たとえば、福井県のある県議は、議会報告の冊子の中で、「ワクチンは殺人兵器」とか「バイデンはこの世にいない」「9・11テロはCGである」といった陰謀論を大々的に主張して話題となった。[4] 多くの人は、こうした主張をする政治家の資質を疑うことであろうが、中には、「よく言った」「タブーを打ち破る素晴らしい政治家だ」と考える人々もいる。とりわけ、大選挙区制を採る地方選挙では、極めて少ない票数でも当選可能である。そのため、選挙区内にそうした主張を受け入れる陰謀論者がごくわずかであったとしても、極端で荒唐無稽な主張を受け入れる一部の支持者によって、そのような候補者の当選確率を高めることにつながる。当然ながら、ひとたび議員に当選すれば、陰謀論的主張であっても、「市民の代表」として扱われるのだから、根本的に言えば、選挙制度も陰謀論の問題と無関係ではない。

以上は地方議員の例であるが、多くの人が知る政治家が陰謀論的な言説を唱える事例もある。たとえば、ノンフィクションライターの石戸諭は、一時期、日本国内で話題となった「中国の軍事研究『千人計画』に日本学術会議が積極的に関わっている」とする陰謀論を取り上げて、この陰謀論の拡散に、自民党元幹事長の甘利明が大きく関わっていたことを指摘している。[5]この「千人計画」は、中国が世界中の優秀な研究者を集めることで学術的なプレゼンスを高めるための施策である。この政策自体は実際に存在するものではあるが、そこに日本学術会議が千人計画に関与している明確な根拠はない。それにもかかわらず、甘利は、当初は学術会議が千人計画に「直接に」関与していると述べ（その後のブログで「間接的に協力しているように映る」と意見を修正した）[6]、その議論の中核として、日本学術会議と中国千人計画は「裏でつながっている」とする主張をしたのである。その結果、「自民党内でも重要なポジションにある」甘利がお墨付きを与えた陰謀論として、反中国的態度を持つ右派的な支持者たちを中心に広く拡散される事態となったのである。立場や知名度のある有名政治家であっても陰謀論を主張しうるということは、私たちの側もよく覚えておかなければならないことだろう。

陰謀論が生む社会の分断

残念ながら、こうした陰謀論を広めようとする者がごく少数でもいる限り、陰謀論は拡散し続け、連鎖が収束することはない。また、本書が明らかにしてきたように、それが自分自身の支持する政党の政治家であれば、陰謀論的であっても受け入れてしまうことも、この問題の解決をさらに難しくしている。そのように考えると、政治家が陰謀論を振りまくことは、ソーシャルメディアで陰謀論が拡散するよりもずっと厄介である。まさにトランプが引き起こしたとも言われるアメリカの「社会の分断」も、「動機づけられた推論」を行う支持者たちの認知バイアスの行き着く果てに生じた現象であると解することもできよう。

さらに日本人の場合、この問題はより深刻なように思われる。それと言うのも、欧米圏あるいは東アジアの国々と比較しても、日本人の政治参加は、そのほとんどが選挙を通じた投票参加に限られている。デモや署名といった活動が盛んであれば、仮に選挙が直近で予定されていなくても、市民の側がおかしな陰謀論を言い出す政治家を直接指摘し、糾弾することもできる。しかしながら、政治家の振る舞いをジャッジする機会が選挙以外にない場合、少なくとも数年のあいだは、陰謀論的な主張が議会の中で発信され続けることになる。しかも、そうした言動を次の選挙の際に有権者が気にして投票するかは極めて不確実である。

良心的な市民は、こうした陰謀論を振りまく政治家の様子を見れば、それは政治の危機であると考えて決して許すことはないだろう。しかし、陰謀論を振りまく政治家の支持者は、まさに「動機づけられた推論」によって、「これは陰謀論ではない。陰謀論と主張する側は、○○から利益を得て、本当の意見を封殺しようとしている」と考えるかもしれない（実際に、そうした言説はソーシャルメディア上で容易に発見できる）。こうした対立は、本来あるべき政治的な競争とは呼べないし、そもそも、陰謀論をめぐってその真偽を議論すること自体が不毛だとしか言いようがない。政治家が陰謀論的な言説を振りまくことの恐ろしさはまさにこの点に集約できるだろう。陰謀論的主張は、本来行われるべき政策に関する議論そのものを奪ってしまうだけでなく、やがては、議題設定そのものを捻じ曲げていく。まさに、「悪貨は良貨を駆逐する」現象が起きてしまいかねないのである。

陰謀論と決めつけることの問題

さて、ここまで本書では、陰謀論を「目の敵《かたき》」のようにして議論を展開してきた。科学的な根拠もなく、政治や社会の出来事を単なる妄想で勝手に解釈し、さらにはそれを通説に変えようとする邪悪な試みは、言うまでもなく社会全体にとって忌避すべきことである。本書で例示してきた数々の陰謀論も、私たちが考えるべき政治的・社会的な現象の本当の姿を曇らせることにとどまらず、排外主義の蔓延や民主主義への懐疑といった悪い方向にミスリーディングする点で問題含みだと言わざるを得ない。

このように、陰謀論の存在を問題視することの必要性や重要性はあらためて言うまでもないのだが、その一方で、「それが本当に陰謀論であるか」についても、それと同じくらいによく注意を払わなければいけないことも強調しておきたい。とくに第4章でも指摘したように、陰謀論は、ときとして正当な批判と混同されることがある。

さらに陰謀論は、とくに特定の党派性やイデオロギーと結びついた形で拡散され、そうした政治的な先有傾向に沿う形で信じられていく傾向にある。このことは、何らかの政治的意見を持つ者にとって、ある種の攻撃材料として使うことも可能になることも意味している。つまり、自分とは対立する意見に対して、それが正当な批判かどうかを吟味することなく、気に食わない意見を「それは陰謀論だ」とラベリングして、意見を封殺してしまうことにつながる。

もう少し踏み込んで言えば、批判が正当なものであればあるほど、陰謀論はそれを否定することが難しいという特性を悪用し、反論するためのマジックワードとすることもできてしまう。お互いに陰謀論ではない議論——いわば、「まとも」な議論——をしている場合であっても、どちらかが「それは陰謀論だ」と決めつけてしまえば、まさに「論破」したような錯覚に陥ることになる。自分の意見と異なる政治的主張を見たとき、「ああ、そういう意見もあるのか」と、ある意味では「自分ごと」と考えすぎない、一定の距離を持って見ることができるかどうかも極めて重要である。

マスメディアと陰謀論

では、どのようにすれば、何が正しい情報で、何が陰謀論かをうまく弁別できるのだろうか。そのためには、やはり（ある程度）公式的な情報に対する社会的な信頼感が必要となるだろう。中でもとくに重要なのは、マスメディアに対する信頼感だと考える。政府による公式的な記者会見や発表も、多くの人々は、新聞やテレビなどのマスメディアを通じて知ることになる。また、インターネット上のニュースサイトが伝える情報の多くも、結局は、大手新聞社やテレビ報道の情報に依存して伝えることがほとんどであることを考えると、やはり伝統的なメディアの役割は今でも極めて大きい。

他方で、「マスメディアが伝える情報を鵜呑みにすることなかれ」といったメディアリテラシー論もしばしば指摘されるところである。確かに、メディアの情報を鵜呑みにしないことも、情報を正確に理解する上で極めて重要なことである。しかし、だからといって、マスメディアの伝える情報を「真実を伝えていない」と断じて、ソーシャルメディア上の妙な解釈をもって伝える情報のほうを正しいと考えるのは極めて危険な行為である。

時代錯誤に映るかもしれないが、マスメディアの伝える情報には一定の信頼を置いてもいい、と筆者は考える。仮に大手マスメディアが陰謀論を振りまくような情報を伝えれば、テレビであればBPO（放送倫理・番組向上機構）などの第三者機関の詳しい調査が入るだろうし、新聞であれば、「誤報」として競合他紙がそれを強く問題視することだろう。そして何より、陰謀論を振りまくようなメディアの情報を見聞きする読者はいずれほとんどいなくなり、経営的に立ち行かなくなってしまう。こうしたマスメディア内部（相互）における競争的な仕組みは、ときとして苛烈なスクープ合戦につながったり、あるいは同じような論調だけが並ぶ「横並び主義」の温床になったりするとして否定的に見られることもある。しかし、こと情報の正確性という側面ではかなりポジティブに機能しているように思われる。このように考えると、ソーシャルメディア上のよくわからない一般人の意見を信じるよりも、大手マスメディアが伝える情報を「とりあえず」信じておくことのほうが、陰謀論に騙されるリスクは明らかに低いはずである。

とはいえ、既存のメディアのあり方に問題がないわけではない。たとえば、記者クラブ制度の弊害は指摘されて久しいし、テレビや新聞が、適任性を疑いたくなるような人物を「有識者」として出演させたりコメントを載せたりしている例は枚挙にいとまがない。とくに一部のテレビ番組では、ユーチューブやツイッターで普段から陰謀論的な言説を吹聴しているようなゲストを平気で出演させて視聴率をとる「炎上商法」のようなやり方をしている。こうしたマスメディアの姿勢を見ていると、「マスゴミ」と呼ぶ人々の懐疑心もわからないではない。

しかしながら、私たちはマスメディアの情報なしに、政治や社会の現状を知ることはできないことも強く認識するべきである。「大手のマスメディアは嘘をつかない、頭から信じても大丈夫だ」などとは決して言えないが、少なくとも、私たちが知りうる情報の中では、正確性が高いことも事実である。同時に、そうした公共的な役割を担っているからこそ、マスメディアはもっとそのあり方を真摯に考え直すべきであるように思われる。先述したような「炎上商法」的な番組・紙面作りは、公益性の観点を指摘するまでもなく、すぐにやめるべきだろう。そうした一部のマスメディアの姑息な商売の仕方が、本来、正確性が高いはずの他の多くの報道における情報の信頼性までをも毀損し、結果的に、陰謀論の蔓延に加担する状況を作り出している。このことについて、マスメディアはもっと危機感を持ち、深刻に受け止めるべきである。

自分だけの「正しさ」を求めすぎない社会へ

より巨視的に見れば、人間は好奇心を持つことによって、さまざまな「進化」を遂げてきた。またそうした進化によって、人は、物心ともに豊かな生活を享受できているとも言える。ほんの30年前でも、多くの人々がスマートフォンを手にして、24時間365日どこにいても世界中の情報を瞬時に調べられる世の中が来るという未来を、誰が予想できたであろうか。好奇心は、文明の、そして社会発展の原動力でもある。

同時に、人間が好奇心を持つ限り、どれだけ啓蒙が行われようとも、陰謀論がこの世から消滅することもないだろう。物心がついた幼児が、「なぜ、空は青いの？」「どうやって、人は生まれるの？」など、あらゆることに「なぜ」を尋ねるように、「なぜこの現象が起きたのか」を追究したくなる欲求は、ヒトのプログラムの一部である。それゆえに、わからないことをわからないまま放置することをヒトは実に気持ち悪く感じてしまう。そう考えると、陰謀論は、まさに人々の好奇心を餌にますます成長していく「生き物」のようでもある。

日々、洪水のように情報があふれ、明らかに供給過多が起きている現代社会は、ますます複雑でわかりにくくなっている。そうした中にあって、さまざまな価値観がひしめきあい、自らの「正しさ」を競っているような現状もある（もちろん、ここで言う「正しさ」とは「正確性」の意味ではなく、各個人が持つ「正義の信念」のことである）。言うまでもなく、社会が多様な価値観を認めることは極めて重要である。しかし、人々が自らの「正しさ」に固執すれば、そこに陰謀論がつけこむ余地が生まれる。

本書でもたびたび指摘してきたように、「多数派には見えていない、その事実に社会は気づくべきだ」という語り口は、陰謀論者が好んで用いるものでもある。仮にそれが自分の中では「正しい」ことであったとしても、丁寧に論拠を積み上げて話し合う努力をせず、過度に正しさを強調すれば、結果的に反動を生んでしまうということはよく知られた話である。まさに、「自分にとっての正しさ」が動機づけとなって、知らずしらずのうちに陰謀論的思考に接近するおそれは、誰にとってもあるのだ。

第5章の末尾で、「何事もほどほどに」という教訓について触れた。それに加えて、「自分の中の正しさを過剰に求めすぎない」という姿勢こそが、今の社会に求められているように感じられてならない。

あとがき

本書の執筆依頼を受けたのは、まだ町中を歩く人々のほとんどがマスクをしていない2019年末ごろだった。当時、確かに欧米圏では陰謀論が社会を席巻していたが、日本では、さほど大きな問題とはなっていなかった。中公新書編集部の楊木文祥さんと梅田の喫茶店で打ち合わせをした際の構想は、まさに「平時」を想定したものだった。しかし、本書の執筆を始めたころからコロナ禍が始まり、突如、このテーマが地上波のテレビ番組で取り上げられるほどの大きな話題を呼びはじめた。

新型コロナウイルスの起源やワクチンをめぐる陰謀論、アメリカ大統領選の「不正」を騙る陰謀論、さらにはロシアとウクライナ、旧統一教会関連――。次から次へと新たな陰謀論が湧き上がってくる。本書はもっと落ち着いて書き進めるつもりだったのが、陰謀論の「変異株」が出てくるたびに、何度も何度も加筆修正を繰り返す羽目になってしまった。一研究者としては、観察対象が増えて「幸運」と捉えるべきなのかもしれないが、こうも目まぐるしく、狂乱の状況を追いかける作業を続けていると、さすがに筆者のメンタルにも悪い影響があったように思われる。けれども、それは望むと望まざるとにかかわらず、「陰謀論」にふれる人すべてが置かれている状況なのかもしれない。そう感じたからこそ、日本における陰謀論の実態を実証的に明らかにする必要があると強く思うようにもなっていった。

筆者が陰謀論に関する研究をはじめたのは、2016年ごろからである。院生時代から、博士号を取得したあとは日本の陰謀論を研究テーマにしたいと決めていた。というのも、筆者は学部生時代に、いわゆる「ネトウヨ」だったからである。政治学を学び始めた動機も、「外国に支配された日本を救いたい」という「愛国心」に突き動かされてのものであったし、少なくとも当時の筆者はそれを「普通」と考えていた。まさに本書でも言及したように、「ただ日本を愛するだけの普通の日本人」なのになぜ「ネトウヨ」などと揶揄されるのだ、と強い反感を覚えることもあった。もちろん、大学院に進学し、実証政治学を学ぶ過程で、そうした大きく偏った政治的考えは完全に霧消し、当初の「崇高」な信念は、単なる「黒歴史」に変わってしまったわけだが……。

もっとも、こうしたバックグラウンドゆえ、筆者の中には陰謀論を信じる人々のことが（賛同はできないにせよ）「他人事」とは思えない気持ちもあった。本書で引用した陰謀論受容のメカニズムに関する分析の多くは、過去の自分にも思い当たる節がある。陰謀論者の見解を仮説的に書いた部分は、ある意味、当時の自分の心境を言語化したようなものである。

もちろん、そうした個人的背景ゆえに、理論的に甘くなっているところがもし本書にあるとすれば、その批判は甘受しなければならない。その一方で、ややもすれば「机上の空論」に陥りがちな「陰謀論」というテーマについて、当事者のリアルな感覚に近く、実態に迫った議論が展開されていると感じてもらえたなら、著者として大きな喜びである。

以上のように、明らかに異色なモチベーションでやってきた「できの悪い院生」であった筆者を、最後まで見捨てずに育ててくださったのは、筆者の出身である神戸大学大学院法学研究科の先生方である。とりわけ、筆者の指導教員である品田裕先生は、どんな突飛なアイデアもバカにせず、どうすればおもしろい「研究」にできるかを、いつも親身になって考えてくださった。また、品田先生の（いい意味での）放任主義がなければ、どこかで研究の道を諦めていたに違いない。同大学院では、大西裕先生や曽我謙悟先生（現・京都大学）にも非常に丁寧かつ親身なご指導をいただいた。心から感謝を申し上げたい。院生時代から今に至るまで苦楽を共にしている後輩の宋財泫さん（関西大学）や湯川勇人さん（広島大学）との他愛ない会話は、今も筆者の大きな癒やしになっているということも付け加えておきたい。

さらに幸運なことに、研究・人格とも非常に優れた、素晴らしい同業の研究者にも恵まれた。中でも真っ先に言及すべきは、筆者に論文や研究のイロハを（多少荒っぽく）叩き込んでくださった善教将大先生（関西学院大学）である。もはや筆者の実質的な「師匠」と言っても過言ではなく、今でも公私にわたって大変お世話になっている。また、飯田健先生（同志社大学）には、長年、様々な場面でご指導・サポートをいただいており、今でもとても楽しい共同研究をご一緒させていただいている。坂本治也先生（関西大学）は、筆者がポスドクにすらなれず「無職」となったとき、「秦君は間違いなく成功する研究者だ、諦めるな」と懸命に励ましてくださった。この励ましにどれだけ救われたことだろうか。砂原庸介先生（神戸大学）は、筆者が大阪市立大学法学部在籍時の「教員」であり、ネトウヨ時代の筆者をよく知るひとりである。現在は共同研究のグループをともにし、いつも多くの刺激をいただいている。そして、稲増一憲先生（関西学院大学）には、筆者の博士論文の審査員を務めていただいただけでなく、本書の草稿をお読みいただき、実に的確なコメントをくださった。稲増先生のコメントがなければ、本書は数ランクほど低いレベルになっていたかもしれない。すべてのお名前を記すことはできないが、他にも数多くの先生方のご指導とサポートをいただいていることに、改めて感謝申し上げたい。

冒頭でも述べたように、中央公論新社の楊木文祥さんには、まだまだ若手の筆者に本書執筆の声をかけてくださったのみならず、行き詰まりがちな筆者の相談にも毎回、親身に乗っていただくなど、実に多くの手助けをしていただいた。最後まで伴走してくださった楊木さんにも、心から感謝申し上げたい。

最後に、筆者の大学院進学を快く認めてくれた父・正彦と母・故良子には、これまで多大な物心のサポートをしてもらった。大学院時代、学振研究員になれなかった筆者は、度重なる資金援助を家族にお願いせざるを得なかった。しかし、そんなときでも嫌な顔ひとつせずに協力してくれた恩を、本書で少しでも返せたなら嬉しい。そして、筆者の最大の理解者にして世界で最も愛する妻・佳恵と、コロナ禍をものともせず、すくすくと育ってくれている娘・彩帆の2人に、本書を捧ぐ。

2022年7月

秦　正樹

第4章：秦正樹（2021）「右も左も「陰謀論」だらけ？：左派における陰謀論受容のメカニズム」『現代思想』5月号、117-126をもとに再構成し大幅に加筆

第5章：秦正樹「人はなぜ陰謀論に惹かれるのか？：COVID-19発生源に関するヴィネット実験による検証」日本政治学会報告論文（オンライン開催、2021年9月開催）をもとに再構成し大幅に加筆

終　章：書き下ろし

また、本書は、文部科学省科学研究費補助金若手研究（課題番号18038618）「デマの蔓延が政治的帰結に与える影響：テキストマイニングとサーベイ実験による検討」（1章・2章・3章・5章）および、文部科学省科学研究費補助金基盤研究（A）（課題番号19H00582）「選挙ガバナンスが正確な投票（CorrectVoting）に与える影響に関する研究」（4章）の助成による研究成果の一部である。

3 斉藤淳（2010）『自民党長期政権の政治経済学―利益誘導政治の自己矛盾』勁草書房.
4 朝日新聞（2021年4月29日）「「ワクチンは殺人兵器」 大物県議がのめりこんだ陰謀論」（URL：https://digital.asahi.com/articles/ASP4X625VP4MUTIL01X.html，最終閲覧日：2022年7月26日）
5 石戸諭（2020年11月27日）「中国「千人計画」デマに踊る国会議員たち〈「日本学術会議が中国の軍事研究に協力」なぜ根拠なきデマと陰謀論が消えないのか？〉」『文春オンライン』（URL：https://news.yahoo.co.jp/articles/ab64051a17a1ee93b4d451075d9a937ae05f43ac，最終閲覧日：2022年7月26日）
6 BuzzFeedNews（2020年10月12日）「学術会議が「中国の千人計画に積極的に協力」とした自民・甘利議員、ブログをひっそり修正」（URL：https://www.buzzfeed.com/jp/kotahatachi/thousand-talents-plan-2，最終閲覧日：2022年7月26日）

本書の元となった論文および謝辞

第1章：書き下ろし

第2章：書き下ろし

第3章：秦正樹（2020年12月3日）「「右でも左でもない普通の日本人」を自認する人ほど、陰謀論を信じやすかった…!」『現代ビジネス』および、秦正樹「「“普通の”日本人」ほど騙される？：政治的デマの受容メカニズムに関する実験研究」日本選挙学会報告論文（東北大学、2019年7月開催）をもとに再構成し大幅に加筆

7 アーサー・ルピア&マシュー・D. マカビンズ（山田真裕訳）（2005）『民主制のディレンマ―市民は知る必要のあることを学習できるか？』木鐸社.
8 山崎新・荒井紀一郎（2011）「政治的洗練性が規定する態度の安定性」『選挙研究』27(1), 120-134.
9 BBC News（2020年5月1日）「トランプ大統領、新型ウイルスの発生源めぐり情報機関と意見相違」（URL：https://www.bbc.com/japanese/52498812, 最終閲覧日：2022年7月26日）
10 高橋浩祐（2021年9月2日）「「新型コロナ起源」バイデン報告書で判明したこと：原因究明へ、米中の協力姿勢こそが今必要だ」『東洋経済オンライン』（URL：https://toyokeizai.net/articles/-/452163, 最終閲覧日：2022年7月26日）
11 Bloom, J. D., Chan, Y. A., Baric, R. S., Bjorkman, P. J., Cobey, S., Deverman, B. E., Fisman, D. N., Gupta, R., Iwasaki, A., Lipsitch, M., Medzhitov, R., Neher, R. A., Nielsen, R., Patterson, N., Stearns, T., van Nimwegen, E., Worobey, M., & Relman, D. A. (2021). Investigate the origins of COVID-19. Science, 372(6543), 694.
12 本調査は、京都府立大学内に設置された研究倫理審査委員会の承認 （受付番号：197【変更】）を受けて実施した.
13 辻隆太朗（2012）『世界の陰謀論を読み解く―ユダヤ・フリーメーソン・イルミナティ』講談社現代新書.

終 章
1 鳥海不二夫（2022年3月7日）「ツイッター上でウクライナ政府をネオナチ政権だと拡散しているのは誰か」（URL：https://news.yahoo.co.jp/byline/toriumifujio/20220307-00285312, 最終閲覧日：2022年7月26日）
2 Mayhew, D. R. (1974) *Congress: The Electoral Connection*. New Haven and London: Yale University Press.

20 本調査は，神戸大学大学院法学研究科研究倫理審査委員会による人を直接の対象とする研究倫理審査（受付番号：030016）の承認を受けた上で実施した.

21 NHK 政治マガジン（2021 年 11 月 24 日）「なぜ若者は自民党に投票するのか?」（URL：https://www.nhk.or.jp/politics/articles/feature/72512.html，最終閲覧日：2022 年 7 月 26 日）

22 本調査は，神戸大学大学院法学研究科研究倫理審査委員会による人を直接の対象とする研究倫理審査（受付番号：31019）の承認を受けた上で実施した.

23 朝日新聞（2022 年 6 月 17 日）「「立憲の泉氏は無責任な人」日本維新の会・松井一郎代表」（URL：https://digital.asahi.com/articles/ASQ6K5Q4KQ6KUTFK012.html，最終閲覧日：2022 年 7 月 26 日）

第5章

1 飯田健・山田真裕（2009）「有権者の情報処理」飯田健・山田真裕編『投票行動研究のフロンティア』おうふう，113-140.

2 Converse, P. E. (1964). The Nature of Belief Systems in Mass Publics. In D. E. Apter (Ed.), *Ideology and Discontent*,206-261, New York The Free Press.

3 三輪洋文（2014）「現代日本における争点態度のイデオロギー的一貫性と政治的洗練：Converse の呪縛を超えて」『年報政治学』2014(1)，148-174.

4 Congleton, R. D. (2001). Rational Ignorance, Rational Voter Expectations, and Public Policy: A Discrete Informational Foundation for Fiscal Illusion. *Public Choice*, 107(1/2), 35–64.

5 Luskin, R.C. (1990) Explaining political sophistication. *Political Behavior* 12, 331–361.

6 Lau, R., & Redlawsk, D. (1997). Voting Correctly. *American Political Science Review*, 91(3), 585-598.

8　本調査は，神戸大学大学院法学研究科研究倫理審査委員会による人を直接の対象とする研究倫理審査（受付番号：030016）の承認を受けた上で実施した.

9　遠藤晶久・ウィリー・ジョウ（2019）『イデオロギーと日本政治―世代で異なる「保守」と「革新」』新泉社 .

10　中北浩爾（2017）『自民党―「一強」の実像』中公新書.

11　山本健太郎（2021）『政界再編：離合集散の30年から何を学ぶか』中公新書.

12　Anderson C, Blais A, Bowler S, Donovan T, Listhaug O. (2005) *Losers' Consent: Elections and Democratic Legitimacy*. New York: Oxford Univ. Press.

13　Claassen, R. L., & Ensley, M. J. (2016). Motivated reasoning and yard-sign-stealing partisans: Mine is a likable rogue, yours is a degenerate criminal. *Political Behavior*, 38(2), 317–335.

14　Edelson, J., Alduncin, A., Krewson, C., Sieja, J. A., & Uscinski, J. E. (2017). The effects of conspiratorial thinking and motivated reasoning on belief in election fraud. *Political Research Quarterly*, 70(4), 933–946.

15　本分析にあたり、東京大学社会科学研究所附属社会調査・データアーカイブ研究センターSSJデータアーカイブから「第48回衆議院議員総選挙全国意識調査，2017」の個票データの提供を受けた.

16　Uscinski, J. E., & Parent, J. M. (2014). *American Conspiracy Theories*. New York, NY: Oxford University Press.

17　善教将大（2013）『日本における政治への信頼と不信』木鐸社.

18　本調査は，神戸大学大学院法学研究科研究倫理審査委員会による人を直接の対象とする研究倫理審査（受付番号：030006）の承認を受けた上で実施した.

19　大西裕編（2018）『選挙ガバナンスの実態 日本編：「公正・公平」を目指す制度運用とその課題』ミネルヴァ書房.

Statistics and Methodology 3(1): 43– 66.
18 Blair, Graeme, and Kosuke Imai. 2012. "Statistical Analysis of List Experiments." *Political Analysis* 20(1): 47–77.
19 西澤由隆（2004）「政治参加の二重構造と「関わりたくない」意識：Who said I wanted to participate?」『同志社法学』55(5), 1-29.

第4章

1 Miller, J. M., Saunders, K. L., & Farhart, C. E. (2016). Conspiracy endorsement as motivated reasoning: The moderating roles of political knowledge and trust. *American Journal of Political Science*, 60(4), 824–844.
2 Galliford, N., & Furnham, A. (2017). Individual difference factors and beliefs in medical and political conspiracy theories. *Scandinavian Journal of Psychology*, 58, 422–428.
3 Richey, S. (2017). A birther and a truther: The influence of the authoritarian personality on conspiracy beliefs. *Politics & Policy*, 45(3), 465–485.
4 吉田敏浩（2016）『「日米合同委員会」の研究―謎の権力構造の正体に迫る』創元社, 1.
5 参議院質問主意書（第145回国会（常会））「質問第一四号 日米合同委員会に関する質問主意書」（URL：https://www.sangiin.go.jp/japanese/joho1/kousei/syuisyo/145/syuh/s145014.htm, 最終閲覧日：2022年7月26日）
6 山本章子（2020）「誤解だらけの「日米地位協定」」『シノドスOpinion』（URL：https://synodos.jp/opinion/international/23260/, 最終閲覧日：2022年7月26日）
7 Berinsky, A. J. (2012). Rumors, truths, and reality: A study of political misinformation.（URL：http://web.mit.edu/berinsky/www/files/rumor.pdf, 最終閲覧日：2022年7月26日）

6　伊藤昌亮（2019）『ネット右派の歴史社会学 アンダーグラウンド平成史 1990-2000 年代』青弓社
7　小熊英二・樋口直人編（2020）『日本は「右傾化」したのか』慶應義塾大学出版会
8　塚田穂高編（2017）『徹底検証　日本の右傾化』筑摩書房
9　田辺俊介編（2019）『日本人は右傾化したのか』勁草書房
10　遠藤晶久・ウィリー・ジョウ（2019）『イデオロギーと日本政治―世代で異なる「保守」と「革新」』新泉社
11　高史明（2015）『レイシズムを解剖する：在日コリアンへの偏見とインターネット』勁草書房
12　辻大介（2017）「計量調査から見る「ネット右翼」のプロファイル：2007 年 / 2014 年ウェブ調査の分析結果をもとに」『年報人間科学』38: 211-224. および，永吉希久子（2019）「ネット右翼とは誰か：ネット右翼の規定要因」樋口直人ほか『ネット右翼とは何か』青弓社 , 13-43.
13　辻大介・齋藤僚介（2018）「ネットは日本社会に排外主義を広げるか —— 計量調査による実証分析」電気通信普及財団研究調査助成成果報告書 (33).
14　水野俊平（2014）『笑日韓論』フォレスト出版.
15　Haerpfer, C., Inglehart, R., Moreno, A., Welzel, C., Kizilova, K., Diez-Medrano J., M. Lagos, P. Norris, E. Ponarin & B. Puranen eds., (2022) World Values Survey: Round Seven - Country-Pooled Datafile Version 3.0. Madrid, Spain & Vienna, Austria: JD Systems Institute & WVSA Secretariat.
16　善教将大（2016）「社会的期待迎合バイアスと投票参加：リスト実験による過大推計バイアス軽減の試み」『法と政治』66(4), 715-740.
17　Aronow, Peter M., Alexander Coppock, Forrest W. Crawford, and Donald P. Green. (2015). Combining list experiment and direct question estimates of sensitive behavior prevalence, *Journal of Survey*

6 田中辰雄・浜屋敏（2019）『ネットは社会を分断しない』角川新書.
7 たとえば，辻大介（2020）「「ネットは社会を分断しない」？——楽観論を反駁する」『シノドス OPINION』（URL：https://synodos.jp/opinion/society/23400/，最終閲覧日：2022年7月25日）や，辻大介編（2021）『ネット社会と民主主義：「分断」問題を調査データから検証する』有斐閣など.
8 Davison, W. P. (1983). The third-person effect in communication. *Public Opinion Quarterly*, 47(1), 1-15.
9 Wei, R., & Golan, G. (2013). Political Advertising on Social Media in the 2012 Presidential Election: Exploring the Perceptual and Behavioral Components of the Third-Person Effect. *Electronic News*, 7(4), 223–242.
10 Duck, J. M. & Mullin, B. A. (1995), The perceived impact of the mass media: Reconsidering the third person effect. *European Journal of Social Psychology*, 25: 77-93.
11 本調査は，神戸大学大学院法学研究科研究倫理審査委員会による人を直接の対象とする研究倫理審査（受付番号：030022）の承認を受けた上で実施した.

第3章

1 齋藤僚介（2021）コラム2「「嫌韓嫌中」意識とTwitterでの発信行動」辻大介編『ネット社会と民主主義』有斐閣，136-143.
2 樋口直人（2014）『日本型排外主義—在特会・外国人参政権・東アジア地政学』名古屋大学出版会.
3 安田浩一（2012）『ネットと愛国：在特会の「闇」を追いかけて』講談社.
4 辻大介編（2021）『ネット社会と民主主義』有斐閣
5 樋口直人・永吉希久子・松谷満・倉橋耕平・F. シェーファー・山口智美（2019）『ネット右翼とは何か』青弓社

28 Flynn, D. J., Nyhan, B., & Reifler, J. (2017). The nature and origins of misperceptions: Understanding false and unsupported beliefs about politics. *Advances in Political Psychology*, 38, 127–150.
29 たとえば，Duran, N. D., Nicholson, S. P., & Dale, R. (2017). The hidden appeal and aversion to political conspiracies as revealed in the response dynamics of partisans. *Journal of Experimental Social Psychology*, 73, 268–278.
30 本調査は，北九州市立大学・人を対象とする研究に関する倫理審査委員会の承認（30-11）を受けて実施した.
31 Bowes, SM, Costello, TH, Ma, W, Lilienfeld, SO. (2021) Looking under the tinfoil hat: Clarifying the personological and psychopathological correlates of conspiracy beliefs. *Journal of Personality*, 89: 422– 436.
32 大久保将貴（2019）「因果推論の道具箱」『理論と方法』34(1), 20-34 などに詳しい.

第2章

1 本調査は、京都府立大学内に設置された研究倫理審査委員会の承認 （受付番号：197【変更】）を受けて実施した.
2 Baum M.A. (2003). *Soft News Goes to War: Public Opinion and American Foreign Policy in the New Media Age*. Princeton, NJ: Princeton Univ. Press.
3 J.N. カペラ・K.H. ジェイミソン（平林紀子・山田一成監訳）(2005)『政治報道とシニシズム：戦略型フレーミングの影響過程』ミネルヴァ書房.
4 堀啓造（2004）「因子数決定指標の特徴」（URL：http://www.ec.kagawa-u.ac.jp/~hori/yomimono/fitindex.html，最終閲覧日：2022 年 7 月 25 日）
5 キャス・サンスティーン（石川幸憲訳）（2003）『インターネットは民主主義の敵か』毎日新聞社.

18 Wood, M. J., Douglas, K. M., & Sutton, R. M. (2012). Dead and Alive: Beliefs in Contradictory Conspiracy Theories. *Social Psychological and Personality Science*, 3(6), 767–773.

19 Douglas, K.M., Uscinski, J.E., Sutton, R.M., Cichocka, A., Nefes, T., Ang, C.S. and Deravi, F. (2019), Understanding Conspiracy Theories. *Political Psychology*, 40: 3-35.

20 善教将大（2016）「社会的期待迎合バイアスと投票参加：リスト実験による過大推計バイアス軽減の試み」『法と政治』66(4), 715-740.

21 NHK（2021年4月10日）「パンデミック 揺れる民主主義 ジェニファーは議事堂へ向かった」（URL:https://www.nhk.jp/p/etv21c/ts/M2ZWLQ6RQP/episode/te/ELZQ8N99J9/, 最終閲覧日：2022年7月25日）

22 Lobato, E., Mendoza, J., Sims, V., & Chin, M. (2014). Examining the relationship between conspiracy theories, paranormal beliefs, and pseudoscience acceptance among a university population. *Applied Cognitive Psychology*, 28(5), 617–625.

23 Cichocka, A., Marchlewska, M., Golec de Zavala, A., & Olechowski, M. (2016). They will not control us': Ingroup positivity and belief in intergroup conspiracies. *British journal of psychology*, 107(3), 556–576.

24 Federico, C. M., Williams, A. L., & Vitriol, J. A. (2018). The role of system identity threat in conspiracy theory endorsement. *European Journal of Social Psychology*, 48(7), 927–938.

25 van Prooijen, J.-W., and Acker, M. (2015) The Influence of Control on Belief in Conspiracy Theories: Conceptual and Applied Extensions. *Applied Cognitive. Psychology*, 29: 753– 761.

26 Klapper, J. T. (1960). *The effects of mass communication*. Free Press.

27 Kunda, Z. (1990). The case for motivated reasoning. *Psychological Bulletin*, 108(3), 480–498.

原因に？誤情報が世界で拡散。“ファイザー元副社長”が発端に」『Buzzfeed News』（URL：https://www.buzzfeed.com/jp/kotahatachi/vakzin-fc-2，最終閲覧日：2021年5月11日）
10 BBC News（2021年8月11日）「新型ウイルスワクチン、妊娠にまつわる偽情報をファクトチェック」（URL：https://www.bbc.com/japanese/features-and-analysis-58168338，最終閲覧日：2022年7月25日）
11 日本産婦人科科学会「新型コロナウイルス感染症（COVID-19）関連情報」（URL：https://www.jsog.or.jp/modules/jsogpolicy/index.php?content_id=10，最終閲覧日：2022年7月25日）
12 河野太郎（2021）「ワクチンデマについて」（URL：https://www.taro.org/2021/06/ワクチンデマについて.php，最終閲覧日：2022年7月25日」）
13 NBC News（2017）Kellyanne Conway, Sen. Chuck Schumer, Tom Barrack, Eliana Johnson, Kristen Welker, Hugh Hewitt, Chris Matthews（URL：https://www.nbcnews.com/meet-the-press/meet-press-01-22-17-n710491，最終閲覧日:2022年7月25日）
14 AN ALEX JONES FILM ENDGAME BLUEPRINT FOR GLOBAL ENSLAVEMENT（URL：http://www.endgamethemovie.com，最終閲覧日：2022年7月25日）
15 佐野広記（2018年4月15日）「数千万稼ぐ者も…「フェイクニュース製造村」で見た驚きの現実」『現代ビジネス』（URL：https://gendai.ismedia.jp/articles/-/55222，最終閲覧日：2022年7月25日）
16 ジョゼフ・E・ユージンスキ（北村京子訳）（2022）『陰謀論入門：誰が，なぜ信じるのか？』作品社.
17 Newsweek（2021年1月18日）3 in 4 Republicans Don't Think Joe Biden Won Election Legitimately: Poll（URL：https://www.newsweek.com/republicans-joe-biden-won-election-legitimately-poll-1562343，最終閲覧日：2022年7月29日）

facts.html，最終閲覧日：2022 年 7 月 25 日）
3 FDA（2019）COVID-19 Vaccines Myths vs Facts Social Media Toolkit（URL：https://www.fda.gov/media/152578/download, 最終閲覧日：2022 年 7 月 25 日）
4 Yahoo!News（2020 年 5 月 23 日）New Yahoo News/YouGov poll shows coronavirus conspiracy theories spreading on the right may hamper vaccine efforts（URL：https://news.yahoo.com/new-yahoo-news-you-gov-poll-shows-coronavirus-conspiracy-theories-spreading-on-the-right-may-hamper-vaccine-efforts-152843610.html?guccounter=1&guce_referrer=aHR0cHM6Ly9qYXBhbi5jbmV0LmNvbS8&guce_referrer_sig=AQAAAKP4YO18rYXSKzu3n7eNKmYP4oQtzu2cRIc5bcyBXnhN13Wm9uFD36eskr_xF36r3giUG-OdJLr-LHIvfruYJ2VTE3vUzXS3y7c1UEvigfyIXrEcWLbKeNUts_DszpBb9oJZ1qPxK0Mt6_6RWlKA3n-BK9yRs9nj6mYbh174Gnqz 最終閲覧日：2022 年 7 月 25 日）
5 Keeley, B. (1999). Of conspiracy theories. *The Journal of Philosophy* 96: 109-26.
6 Barkun, M. (2013) *A Culture of Conspiracy: Apocalyptic Visions in Contemporary America*. Berkeley and LA: University of California Press.
7 Bloomberg（2017）Spicer Stands by Inaugural Audience Claim in First Briefing（URL：https://www.bloomberg.com/news/articles/2017-01-23/spicer-stands-by-inauguration-audience-claim-in-first-briefing，最終閲覧日：2022 年 7 月 25 日）
8 The New York Times（2017）Trump's Lies（URL：https://www.nytimes.com/interactive/2017/06/23/opinion/trumps-lies.html?mtrref=t.co&gwh=7C03C7872CB84E5BE1590663CE89B470&gwt=pay&assetType=PAYWALL，最終閲覧日：2022 年 7 月 25 日）
9 籏智広太（2021）「コロナワクチンが「不妊症」や「流産」の

注記一覧

まえがき

1 高島康司（2020）『Qアノン　陰謀の存在証明』成甲書房.

2 BBC News（2020年9月25日）『【解説】Qアノン陰謀論とは何か、どこから来たのか　米大統領選への影響は』（URL：https://www.bbc.com/japanese/features-and-analysis-53929442, 最終閲覧日：2022年7月25日）

3 高史明（2015）『レイシズムを解剖する：在日コリアンへの偏見とインターネット』勁草書房.

4 田中聡（2014）『陰謀論の正体！』幻冬舎新書.

5 朝日新聞（2021年4月29日）『「ワクチンは殺人兵器」　大物県議がのめりこんだ陰謀論』（URL：https://digital.asahi.com/articles/ASP4X625VP4MUTIL01X.html, 最終閲覧日：2022年7月25日）.

6 飯田健（2013）「社会的望ましさバイアス――CASI調査による軽減効果」日野愛郎・田中愛治編『世論調査の新しい地平―CASI方式世論調査―』勁草書房, 235-249.

7 Ivar, K. (2013). Determinants of social desirability bias in sensitive surveys: a literature review. *Quality & Quantity*, 47(4): 2025–2047.

8 Song Jaehyun・秦正樹（2020）「オンライン・サーベイ実験の方法：理論編」『理論と方法』35-1, 92-108.（URL：https://www.jstage.jst.go.jp/article/ojjams/35/1/35_92/_article/-char/ja）

第1章

1 ジョゼフ・E・ユージンスキ（北村京子訳）（2022）『陰謀論入門：誰が, なぜ信じるのか？』作品社.

2 CDC（2019）Myths and Facts about COVID-19 Vaccines（URL：https://www.cdc.gov/coronavirus/2019-ncov/vaccines/

秦 正樹（はた・まさき）

1988年広島県生まれ．2016年，神戸大学大学院法学研究科（政治学）博士課程後期課程修了．博士号取得論文：「政治関心の形成メカニズム――人は「政治」といかに向きあうか」．神戸大学学術研究員，関西大学非常勤研究員，北九州市立大学講師などを経て，京都府立大学公共政策学部公共政策学科准教授．

共著『選挙ガバナンスの実態 日本編――「公正・公平」を目指す制度運用とその課題』（ミネルヴァ書房，2018）
『よくわかる政治過程論』（ミネルヴァ書房，2018）
『共生社会の再構築II――デモクラシーと境界線の再定位』（法律文化社，2019）
『ポリティカル・サイエンス入門』（法律文化社，2020）
『日本は「右傾化」したのか』（慶應義塾大学出版会，2020）
『異分野融合研究のためのテキストマイニング』（ひつじ書房，2021）
ほか

陰謀論《いんぼうろん》
中公新書 *2722*

2022年10月25日初版
2022年11月10日再版

著 者 秦 正樹
発行者 安部順一

本文印刷 暁印刷
カバー印刷 大熊整美堂
製 本 小泉製本

発行所 中央公論新社
〒100-8152
東京都千代田区大手町1-7-1
電話 販売 03-5299-1730
編集 03-5299-1830
URL https://www.chuko.co.jp/

Published by CHUOKORON-SHINSHA, INC.
Printed in Japan ISBN978-4-12-102722-1 C1231

中公新書刊行のことば

いまからちょうど五世紀まえ、グーテンベルクが近代印刷術を発明したとき、書物の大量生産は潜在的可能性を獲得し、いまからちょうど一世紀まえ、世界のおもな文明国で義務教育制度が採用されたとき、書物の大量需要の潜在性が形成された。この二つの潜在性がはげしく現実化したのが現代である。

いまや、書物によって視野を拡大し、変りゆく世界に豊かに対応しようとする強い要求を私たちは抑えることができない。この要求にこたえる義務を、今日の書物は背負っている。だが、その義務は、たんに専門的知識の通俗化をはかることによって果たされるものでもなく、通俗的好奇心にうったえて、いたずらに発行部数の巨大さを誇ることによって果たされるものでもない。現代を真摯に生きようとする読者に、真に知るに価いする知識だけを選びだして提供すること、これが中公新書の最大の目標である。

私たちは、知識として錯覚しているものによってしばしば動かされ、裏切られる。私たちは、作為によってあたえられた知識のうえに生きることがあまりに多く、ゆるぎない事実を通して思索することがあまりにすくない。中公新書が、その一貫した特色として自らに課すものは、この事実のみの持つ無条件の説得力を発揮させることである。現代にあらたな意味を投げかけるべく待機している過去の歴史的事実もまた、中公新書によって数多く発掘されるであろう。

中公新書は、現代を自らの眼で見つめようとする、逞しい知的な読者の活力となることを欲している。

一九六二年一一月

心理・精神医学

c1

- 481 無意識の構造（改版） 河合隼雄
- 557 対象喪失 小此木啓吾
- 2061 認知症 池田学
- 2521 老いと記憶 増本康平
- 515 少年期の心 山中康裕
- 2432 ストレスのはなし 福間詳
- 1324 サブリミナル・マインド 下條信輔
- 2460 脳の意識 機械の意識 渡辺正峰
- 2603 性格とは何か 小塩真司
- 2202 言語の社会心理学 岡本真一郎
- 666 犯罪心理学入門 福島章
- 565 死刑囚の記録 加賀乙彦
- 1169 色彩心理学入門 大山正
- 318 知的好奇心 波多野誼余夫 稲垣佳世子
- 599 無気力の心理学（改版） 波多野誼余夫 稲垣佳世子
- 2680 モチベーションの心理学 鹿毛雅治
- 2692 後悔を活かす心理学 上市秀雄
- 907 人はいかに学ぶか 稲垣佳世子 波多野誼余夫
- 2238 人はなぜ集団になると怠けるのか 釘原直樹
- 1345 考えることの科学 市川伸一
- 757 問題解決の心理学 安西祐一郎
- 2386 悪意の心理学 岡本真一郎
- 2544 なぜ人は騙されるのか 岡本真一郎

中公新書

科学・技術

中公新書

政治・法律

h1

125 法と社会　碧海純一
819 アメリカン・ロイヤーの誕生　阿川尚之
2347 代議制民主主義　待鳥聡史
2469 議院内閣制―変貌する英国モデル　高安健将
2631 現代民主主義　山本圭
1905 日本の統治構造　飯尾潤
2691 日本の国会議員　濱本真輔
2537 日本の地方政府　曽我謙悟
2558 日本の地方議会　辻陽
1687 日本の選挙　加藤秀治郎
2283 日本政治とメディア　逢坂巌
1845 首相支配―日本政治の変貌　竹中治堅
2651 政界再編　山本健太郎
2428 自民党―「一強」の実像　中北浩爾
2695 日本共産党　中北浩爾

2233 民主党政権 失敗の検証　日本再建イニシアティブ
2101 国会議員の仕事　林芳正・津村啓介
2191 大阪―大都市は国家を超えるか　砂原庸介
2418 沖縄問題―リアリズムの視点から　高良倉吉編著
2439 入門 公共政策学　秋吉貴雄
2620 コロナ危機の政治　竹中治堅

中公新書

政治・法律

h2

108 国際政治（改版） 高坂正堯
1686 国際政治とは何か 中西寛
2190 国際秩序 細谷雄一
1899 国連の政治力学 北岡伸一
2574 戦争とは何か 多湖淳
2652 戦争はいかに終結したか 千々和泰明
2697 戦後日本の安全保障 千々和泰明
2621 リベラルとは何か 田中拓道
2410 ポピュリズムとは何か 水島治郎
2207 平和主義とは何か 松元雅和
2576 内戦と和平 東大作
2195 入門 人間の安全保障（増補版） 長有紀枝
2394 難民問題 墓田桂
2629 ロヒンギャ危機—「民族浄化」の真相 中西嘉宏
2133 文化と外交 渡辺靖
113 日本の外交 入江昭
1000 新・日本の外交 入江昭
2402 現代日本外交史 宮城大蔵
2611 アメリカの政党政治 岡山裕
1272 アメリカ海兵隊 野中郁次郎
2650 米中対立 佐橋亮
2405 欧州複合危機 遠藤乾
2568 中国の行動原理 益尾知佐子
700 戦略的思考とは何か（改版） 岡崎久彦
2215 戦略論の名著 野中郁次郎編著
721 地政学入門（改版） 曽村保信
2566 海の地政学 竹田いさみ
2532 シンクタンクとは何か 船橋洋一
2722 陰謀論 秦正樹